わが人生 15

◉前平塚市長
大蔵律子

凛として

協働の記録 平塚から

神奈川新聞社

著者

絵手紙　なでしこ

七夕のまちの市長として

大方の予想を覆して平塚市長に当選、初登庁する筆者
＝2003年４月30日

平塚市長選の当選証書を受け取る筆者

平塚市議会で答弁する筆者＝２００７年春

全国自治体会議に集まった女性首長らと歓談。
左から、中山弘子新宿区長、筆者、樋口暁子
蓮田市長、清原慶子三鷹市長
＝2003年10月　高山市にて

平塚市の姉妹都市であるロー
レンス市（米国カンザス州）
を訪問、馬車でパレード
＝2004年９月

スクスク伸びた平塚市役所のゴーヤ
のカーテンの前で
＝２００８年６月

多くの出会いと体験
～市議会議員から市長へ～

初めて平塚市議選に立候補し、最終日に支持を訴える筆者。小学校時代の恩師・阿久根貢先生も応援に駆けつけてくれた＝1987年4月25日

平塚市議２期目、かながわ女性会議の一員として訪米、メリーランド州で女性団体や大学の女性教授たちと意見交換＝１９９１年10月

大好きな七夕まつりでは平塚市内の事務所を拠点に活動

湘南ひらつか囲碁まつりの「1000面打ち」に参加。右から武宮正樹九段、石田芳夫九段、大竹英雄名誉棋聖、筆者。囲碁にゆかりのある自治体が集まって囲碁サミットを開催＝2008年10月12日

絵手紙　ゆり

ケイリングランプリ出場選手と記念写真

毎年、市役所の花壇に花を植えてくれる社会福祉法人進和学園の皆さんの訪問を受ける＝２００９年２月19日

愛するまちで紡ぐ人と人とのつながり

平塚市美術館のカーデザイン展（２００９年10～11月）にて。市長退任後も湘南フレンズ倶楽部として美術館の活動をサポート

市長退任を機に事務所を誰もが気軽に訪れることのできる「なかまの広場」として開放。その挨拶をする筆者＝２０１１年初夏

常に筆者を支えてくれた「なかまの会」の仲間たちと

―私人に戻って着付けを習い、
着物で花見を楽しむ筆者

絵手紙　ペンギン

友人たちとアイスランド旅行。1986年にレーガン大統領とゴルバチョフ書記長が会談して冷戦を終結させたホフディ・ハウスで夫の宏祐とわが家の平穏を願う
＝2012年３月

健康への関心も人一倍。体操フェスティバルヨコハマに参加する筆者
＝２０１４年11月２日（横浜文化体育館）

私を育んでくれた故郷の記憶

鹿児島大学時代の筆者
文理学部理学科の実験室にて
＝1960年頃

鹿児島の実家に集まった家族
＝1983年

絵手紙　南さつま市の風景　鑑真和上は秋目に漂着したと伝わる

吹上浜砂の祭典を姉妹で訪ねる

目次

本書は神奈川新聞「わが人生」欄に２０１６（平成28）年12月1日から17（同29）年２月28日まで61回にわたって連載されたものに加筆・修正しました。

はじめに

鹿児島県南薩摩半島で、東シナ海に面した半農半漁村に生まれ育った私は今、首都圏の神奈川県平塚市に暮らしています。

２０１６（平成28）年9月、51年連れ添った大阪出身の夫、宏祐が逝った後も、従前のように多くの人々といろんなことに関わりながら、元気に生きています。

夫にも、私にも、生まれ故郷からはるかに遠いここ平塚市は、夫とその両親のお墓を建立し、守る私自身にとっても、いつかやって来る終焉の地になろうとしています。

思い起こせば、横浜市内の社宅に住んでいた結婚2年目、私が妹の結婚式で鹿児島に帰省中、抽選に当たったのが、平塚市内にできたばかりの県営横内団地でした。そして夫婦で感銘を受けた、素敵な七夕まつりのある平塚へ転居することになったのです。

ここ平塚で子ども2人を生み育て、消費者活動やＰＴＡ活動、生活協同組合運動などに関わっているうちに、何かに導かれるように市会議員を16年、続いて市長を8年務めることになりました。それぞれの運動の過程で多くの仲間が集まり、1つの行動が必然性を持って次の行動を引き起こし、次へ、次へと繋がっていった結果です。

それを可能にしたのは私と共に行動した、まさしく名もなき女性市民たちの、「女性の政治参画で新しいまちづくりの時代を切り開きたい」という情熱と希望に満ちた行動でした。決して一人ではなし得ないことに挑戦する勇気は、多数による知恵と行動から生まれ出たものでした。

78年の人生の、その大半を仲間たちとの協働により、社会運動、政治運動にかけてきた一人の人間の生きた証しをしたため、記録にとどめてみようと思い立ちました。

私自身が何かをなし得たわけではなく、周りを巻き込んだ協働の場ができ、私はそこにいたにすぎません。しかし叫ばれて久しいにもかかわらず、いまだに政治の世界や社会的団体の役職における女性の比率が、半分にさえほど遠い中で、女性たちが民主的な社会づくりのために必死で闘い取ってきたことや経験が、後輩たちの励みになればそれ以上の喜びはありません。

きっかけをつくってくださったのは、神奈川新聞への「わが人生」の掲載でした。それを加筆、修正してこのような形になりました。

いろいろな場面で私は多くの方々に支えられ、励まされ、助けられて、今日まで生きてきました。一途で心優しい人々との出会いに心から感謝いたしております。

大藏律子

２０１８年　新春

第一章

七夕のまちの市長として

肩の力が抜けた退任

走り続けた日々──。

一人の生身の人間として、弱みを漂わせてはならない日々から、ようやく解放されたと思えた日。それは２０１１（平成23）年４月28日でした。

平塚市長として公職にあった８年を終え、退庁する私の退任式が行われる市庁舎ホールに、入り切れないほどの方々が見送りにきてくださいました。集まった職員や市民の皆さまに最後のあいさつを終えると、次から次へと花束が差し出され、多くの方から握手を求められ、さらに胸が熱くなりました。

市庁舎の外でその光景をそっと見守りながら、自家用車で待機していた夫、宏祐《こうすけ》の懐に迎え入れられた時、それまで張り詰めていた何かが緩み、肩の力がスーッと抜けていきました。

民間企業の一研究者として勤め上げた夫は、私が政治活動に携わっている間、一度として表に出たことはなく、精神的なサポーターに徹してくれました。それがあの日ばかりは平然と、自然にそんな行動を取ってくれたのです。

この年、私たちはともに72歳。これからは二人で、ゆったり、のんびり、老後を楽しも

う と思っていました。それは私なりに2期にわたった市長職を誠心誠意やり遂げ、市民との約束を守れたという充実感を持てたからだと思います。

ところがそれからわずか5年、夫は２０１６（平成28）年9月15日、77歳で早々と人生の幕を引いてしまいました。

振り返ってみると、私にはゆったり、のんびりは似合わないようです。市長を辞めてからも、平塚駅前の宝町に市民のよろず相談の場になるよう「なかまの広場」を設けたり、いつも何かの会やイベントに関わったりしていました。

生活のペースは市議・市長時代と変わらず、家に落ち着いていることはほとんどありませんでした。何度か一緒に旅行はしましたが、思っていたほど夫との時間をつくれなかったような気がします。

平塚市長を２期務め、退任式で職員や市民に笑顔で手を振る筆者
＝2011年４月、平塚市役所

しかし夫は亡くなる6日前、私にこんな言葉をかけてくれました。

「いい人生だった。思い残すことはない」

「あんたはいろんなことに挑戦したし、いろんなことをやった。僕も楽しませてもらった」

この最後の会話は、私の救いとなっています。しかし本来ならば、これからつづろうとする「わが人生」をともに反芻《はんすう》し、ともに懐かしみ、これまで以上に語り合えたのではないかという後悔はぬぐえません。

「わが人生」の連載では、今はもうかなわない夫との会話を想像しつつ、郷里の鹿児島の回想と、生協活動や政治活動にまい進した私の半生を振り返るとともに、第二の故郷・平塚への思いをたどってみました。

市長候補　最初はノー

平塚市議になった経緯は後に記しますが、1987（昭和62）年に平塚市議に初当選してからの私の活動は、政治課題に取り組むだけでなく、絵画教室や習字クラブなどが入り交じった楽しいものでした。

「平塚の自然を守る会」や探鳥会で、オオタカの営巣や海水を飲みにくるアオバトの観察なども行い、和気あいあいと、時にかんかんがくがくの議論を重ね、その意味では私は非常に恵まれた議員生活を過ごしていました。

市議3期目を迎えた1995（平成7）年、同じ選挙母体から私と小沢祐子さんの2人が当選しました。この頃、市民の立場から主張できるジャーナリズムを標榜していた『週間金曜日』という雑誌で、私たちの取り組みや成果が報道されました。

ただ、いつまでも同じ人間が議員を続けていては、多くの市民の声を議会に持っていくという理想に反します。当初は3期が限度と考え、この複数議席を保った上で新しい人に任せようと考えていました。何度か選挙を戦い、投票前の1週間のために、どんな準備をすればいいかが、だいたいわかってきていました。

4期目はまた1人になってしまいましたが、次の統一地方選を翌年に控えた2002（平成14）年の夏、タウン誌の記者をしていた当時27歳の江口友子さんを後継者に指名し、彼女の選挙準備を始めました。

夫の宏祐《こうすけ》がこの年の2月に定年退職していたので、しばらく二人でのんびりするのもいいし、落ち着いたら高齢者生協で福祉事業に関わるのもいいな、とそんな青写真を描いていました。

里山に千年樹を植樹する「平塚の自然を守る会」。前列右から２人目が筆者＝2001年、平塚市土屋

そんなのんびりムードが急変したのは、03（平成15）年になってすぐのことです。

通常なら市長選の対立候補が取り沙汰される年末に何の動きもないまま、既に出馬を明言している吉野稜威雄《いつお》市長の、無投票での３選が濃厚だという見方が広まったからです。

吉野市長の2期目は無投票でした。このままでは民主主義の空洞化につながるという懸念が市民の間に広がると、4期にわたる市議会議員活動を支えてくれた「大くら律子となかまの会」（なかまの会）をはじめとする以前からの支援グループが集まり、「このまま市長選を見過ごしてよいのか、大藏でやれないのか」と、私は出馬の意思を問われるようになりました。

そんな時、共産党平塚市議会議員団が、新しい市長をつくる運動を始めようと呼びかけ、それに応じた人たちが、03年1月16日に中央公民館に集まりました。

その様子を見てみようと「なかまの会」から長坂紀子さんが参加すると、市議会の1人会派控室で私と同室だった神奈川ネットワーク運動・平塚の重田裕子議員、市民の党の端文昭議員、元全国紙記者の北村幸雄さんらがいました。そして2月1日、平塚市勤労会館で「市長をかえよう平塚市民の会」が発足しました。この会が5日まで、候補者の推薦を個人、団体に募った結果、いずれも「大藏律子」だったそうです。

7日夜、会を代表する7人が私を訪ねて来ました。これまでの経過のあらましは長坂さんから聞いていましたが、この日の私の答えは「ノー」でした。

「市長選に出馬して落選しても、私に失うものは何もない。夫と二人で負けちゃったけど頑張ったね、と笑って話すだけ…」

その場ではそう答えていたものの、私の胸中は江口さんの選挙が手薄になることを避けたいという思いと、市民の選択肢の一つになるべきではないか、という思いが交錯していました。

平塚市長選に出馬へ

統一地方選を翌年に控えた2002（平成14）年末、私が所属していた平塚市の都市計画審議会は、建築基準法の改正に伴う容積率と高さの緩和について吉野稜威雄《いつお》市長の諮問を受け、審議を重ねていました。

すると、3回目の審議会に市長が自ら出席し、自分の考えを述べて退出しました。ここまではまだよかったのですが、4回目は当日になって、突然懇談会に切り替えられました。おそらくこの審議会では行政の期待する答申が得られないと見越して、先手を打ったのだと思います。

平塚市長選の立候補予定者決定報告会で、出馬への意欲を語る筆者
＝2003年２月、平塚市民センター

この時点で吉野市長は既に3選出馬を明言していましたが、この審議会に対する市長の一連の対応が、私にはとても不可解に思えました。そのことが後に私が市長選への立候補を受諾する〝伏線〟になったような気がしています。

この審議会当時、私は今期で議員を辞めるつもりだったので、言いたいことを普段以上にはっきり言ったかもしれません。でも出席者の一人から「あなたは平塚のことをよく考えている」と言われ、勇気をもらいました。

市長選の候補者選びの経緯は前に書いた通りですが、告示が約2カ月後に迫った03年2月16日、「市長をかえよう平塚市民の会」の寺田公明代表（湘南医療生協元理事長）、元全国紙記者の北村幸雄さん、同僚市議の重田裕子さん（ネット）、端文昭さん（市民の党）、田中幸雄さん（共産党）、脇島三郎さんの6人から、改めて市長選出馬の要請を受けました。

この時、すでに私の意思は固まっていました。

最たる理由は、選挙を経ないで市長を決めるのは市民の選挙権を放棄するに等しく、現に出馬要請を受けている私が無投票を許すことは、自らに深い禍根を残すという思いがあったからです。

私に市政トップの力量があるとは思えず、会派も、行政職員とのパイプもなく、行政組織の運営がどんなものかという知識もありません。ただ、住民との協働で得られる政治課題を提起し、市民目線で市政をチェックする能力ならば、16年間の議員活動を通じて体得できているのではないかと思いました。

こんな私でも、平塚市長選における市民の選択肢の一つになり得るのなら、と蛮勇を振るって立候補を決意したのです。

「市長を変えよう平塚市民の会」から示された会の基本方針は、市民と共に考え実行する、公正でガラス張りの市政を行う、「湘南市構想」は再検討する、の３つ。私はさらに自然、生きものを大切に守る、を付け加えました。

私の立候補は2月19日の朝刊各紙で報じられ、20日夜、市民センターで市長選立候補予定者決定報告会と記者会見が行われました。

「市長をかえよう平塚市民の会」は「市民の市長をつくる会」に改められ、それとは別に23日、「かえよう、変えます！　市民の会」が発足しました。これが実質的な選対本部となり、カンパやボランティアを受け入れる確認団体となりました。

代表にはベレー帽がトレードマークの画家・三代沢史子さんが就き、事務局長は長坂紀子さん、事務局次長は金谷研介さん、会計は真貝アヤさんという選挙対策本部が組織されました。

こうして私たちは、市議選とはケタ違いのスケールの市長選に挑むことになったのです。

湘南市構想が最大の争点に

２００３（平成15）年２月、私は「１人の１００歩ではなく１００人の１００歩」を目指して平塚市長選に挑戦することを決意しました。

選挙は政治の入り口であり、市民は選挙を通じて政治力を身につけていきます。政策論争のないところでは、政治への関心も、住むまちについて考えることも、行動する力も減退し、魂の抜けた都市になってしまうと思ったからです。

「かえよう、変えます！　市民の会」を母体とする選挙対策本部は、政党、団体、組合などの組織的支援をすべて断り、草の根選挙に徹することにしました。

当初、支援者リストに名を連ねたのは30人弱でしたが、ボランティアは日に日に増え、中には現職市長の支持者だった人も含まれていました。

平塚市長選に立候補し、有権者に支持を訴える筆者（左）＝2003年４月、同市内の商店街

平塚市の中心街の銀座通り（七夕通り）の西側入り口に近い明石町の事務所を探してくれた竹田威さん（元ＮＴＴ平塚支店長）もその一人でした。「市長選に出るなら地元企業にあいさつに行った方がいい」というアドバイスとともに、訪問すべき企業のリストを渡してくれた人もいました。

会計係は毎日のお金の出入りに神経を使い、電話係はひとりでも多くの有権者に私たちの声を届けようと受話器を握りっぱなし。朝立ち・夕立ちは平塚駅を中心に、伊勢原駅南口、平塚競輪場前でも行いました。

そして広報担当者は「かえよう、変えます！ 市民の会ニュース」に、要となる政策だけでなく、臨場感あふれるイベント記事を掲載し続けました。選挙違反にならないよう、曖昧にならないよう、文章のチェックだけでも大変な作業です。

遊説は私が乗る候補者カーと、政策をアナウンスする政策カーの２台。１日を６コマに区切ってスケジュールを組み、担当者はコースの調整だけでなく、運転手やウグイス嬢の手配に追われ、他陣営からの苦情にも対応しました。そして、選挙期間中、運転手には20人、ウグイス嬢には35人ものボランティアが手を挙げてくれたのです。

私は３月３日朝からＪＲ平塚駅前に立ち、９日には午前、午後の２度に分けて事務所開きを行いましたが、ほぼ時を同じくして定例市議会が始まりました。

市議会議員としての最後の市議会で、私は吉野市長の都市計画審議会への対応や、湘南市構想の進め方などを例に挙げ、市長の政治姿勢をただす質問をぶつけました。

湘南市構想は、平塚市、藤沢市、茅ケ崎市、寒川町、大磯町、二宮町の3市3町が合併し、人口97万人の政令指定都市を目指すもので、02年1月に突如研究会が発足していました。その旗振り役の会長が吉野市長だったのです。

3選出馬を表明した現職市長が、市長選の対立候補の質問にどう答えるのか、市民も報道機関も大いに注目しましたが、答弁したのは市の企画部長でした。そのため、傍聴席のあちこちから不満の声が漏れました。

その一方、私たちは政策の練り上げに多くの時間を費やし、33項目からなる「大くら律子の基本姿勢と政策」をまとめました。

真っ先に訴えたかったのは「市長になったらすぐやりたいこと」でした。主な内容は、市民と市長の対話集会の定期開催、市長の行動記録と交際費の公表、市長専用車の普通車への変更と三役との共用、市長給与の5割カットなどです。

また、実現目標として、ごみ焼却場と破砕処理場の土日運用、電子入札制度の導入による透明化、未就学児の医療助成枠の拡大、市民病院へのアクセスを便利にする巡回コミュニティーバスの運行、選択できる中学校給食、サッカーや囲碁を通じた姉妹都市提携、市長の任期は2期8年を限度とする―などの提案を盛り込みました。

さらに5つのテーマからなる20の政策を提示しましたが、それらの中でもっとも大きな争点となっていったのが、湘南市合併構想の見直しでした。

予想を覆して市長に初当選

平塚市長選への挑戦を表明してから約1カ月後の2003（平成15）年3月21日、「かえよう、変えます！ 市民の会」の主催で、「大くら律子と共に市政を変えよう！」と題した決起集会が、平塚市中央公民館で開かれました。

歌手の鈴木彩さんと石井眞弓さん、ピアノの鈴木千帆さんによるミニコンサートで開幕し、藤沢市選出の元県議会議員の大久保さわ子さん、消費生活コンサルタントの岩澤玲子さん、NPO法人代表の奥津茂樹さん、市民運動グループ代表の渡辺明男さん、元全国紙記者の北村幸雄さんが励ましの言葉を送ってくれました。

統一地方選の前半戦の県知事選では松沢成文さんが当選し、後半戦は4月20日に告示、

27日に投開票というスケジュールです。

草の根型の選挙に徹する私たちは政策をアピールするチラシの発行に力を入れ、駅前や人の多く集まる場所でのスポット演説を中心に支持を訴え続けました。泡沫候補と見られていた私たちが知名度不足を補うには、閉じられた場所でのミニ集会より、こうした方法が有効だと考えたためです。

どの組織とも連携はしませんでしたが、「勝手連」的な応援に加え、まったく面識のない有権者が次々と選挙事務所を訪れ、激励し、カンパをしてくれることにとても力づけられました。その背景には、吉野稜威雄《いつお》市長の2期目に顕在化したいくつかの問題があったと思います。

一つは国道134号（湘南海岸道路）沿いのスーパーマーケット跡地で、土地を南北に分割していた幅4メートルの市道を廃止し、広大な一区画を確保して大規模高層マンションが建設されたこと。もう一つは、平塚市新町の工業専用地域に大型遊技場の建設を「例外許可」したことです。

この場所は学校、公民館や総合公園に近く、地元の新町連合自治会、大原小学校PTA、中原町内会（自治会）連合会が連名で建築許可撤回を求める請願書を市議会に提出し、私はその紹介議員になっていました。

　ところが２３８５人の署名を添えた請願が、どのような経緯があったのか明らかにされない中で取り下げられたのです。私はこの不自然な請願の取り下げにただならぬ力を垣間見た思いがしました。

　そうした中、湘南市合併構想が最大の争点となっていきましたが、吉野陣営は「これから市民の理解を深める段階」だとして争点化を避けてきました。

　それに対し私たちは、市民不在で動き始めた「湘南市」ありきの合併推進ではなく、地域の将来像を話し合うべきだと訴えました。

　2月20日に立候補決意表明を行ってから投票までは約2ヵ月、『かえよう、変えます！市民の会』ニュースを9回発行して認知度のアップと政策の周知に努めるとともに、政策リーフレットやポスターの制作を進めました。短期決戦でどこまで有権者に浸透できるかが勝負の分かれ目です。

　3月21日の市民総決起集会（中央公民館大ホール）にはおよそ３５０人が参加してくれましたが、2日前に市民センター大ホールで開かれた前市長の総決起集会には、後援会発表で１０００人が参加したと伝わっていました。この参加者数の大差が、2期8年の実績を訴える前市長陣営の油断につながったのではないでしょうか。

統一地方選の前半戦がスタートした3月27日から4月13日の間は、公職選挙法のルールにより、全ての政治活動は禁止されるので朝立ちやポスティングを中止しましたが、4月14に再開するとあとは一直線。20日の市長選告示からは、多くの仲間と共に汗を流す1週間が過ぎていきました。

支援者のパワーの源泉となったお弁当づくり、チラシ折り、ポスティング、パソコン入力、宛名書き、朝立ち、夕立ち、ミニ集会の設定や段取り、ウグイス嬢と運転手、電話をかけまくった人、金庫番の会計係、事務所担当…。本当に数え切れないほどの皆さんが、それぞれのできる分野で精いっぱい力を尽くしてくれました。

私自身は日を追うごとに手応えを感じていました。見ず知らずの多くの有権者が事務所を訪れ、励まし、カンパをしてくれる。それは現市制への不満の表れだとストレートに思えたからです。しかし、それは〝当選〟を予感させる類いのものではありませんでした。

そして「大藏は善戦するも不利」という予想の中で迎えた27日の投票日は、雲一つない晴天。市議選とは比べようもないスケールの市長選挙に挑んで、「やることはすべてやりきった」という、私と選挙スタッフ、そして応援してくれた皆さんの胸中を表すような、爽やかな青空でした。

　午後9時に開票が始まると、ほぼ横並びの票数で競り合いが続きました。その頃になって開票立会人の登録をし忘れたことに気づくという、まさに素人選挙…しかし、間もなく午後11時を過ぎようかという時に「当確」の第一報が届き、大勢の支援者が詰めかけていた事務所は歓喜の渦に包まれました。

支持者らに囲まれ、平塚市長選の初当選を喜ぶ筆者
＝2003年４月27日、同市内の選挙事務所

「女性市長を誕生させてくださって、ほんとうにありがとうございました。私は市民の声を謙虚に聞き、市役所の職員たちが、のびのびと働ける市政をやりたいと思います」

議会の厳しい〝洗礼〟を浴びる

約25万人の市民を抱える平塚市は、神奈川県内屈指の保守王国で、男性上位の政治風土といわれてきました。ところが２００３（平成15）年４月27日に行われた市長選では「かえよう、変えます！　市民の会」の熱意あふれる短期決戦が功を奏し、私は初当選することができました。

市議時代同様、カンパとボランティアだけで戦い抜いた手づくり選挙。関わったすべての人が、それぞれの得意な分野で力を出し切ってくれた結果です。

当落はまったく念頭になく、自らと会の主張を、選挙戦を通じて訴えることができ、満足感を得た楽しい選挙戦でした。その一方で、16年間の市議会議員活動を支えてくれた「大くら律子となかまの会」から、後継者として平塚市議選に立候補した江口友子さんの上位当選に心から安堵《あんど》しました。

あえて勝因をあげるとしたら、景気が停滞して市内全体の空気がよどみ、なんとか突破口を見つけたいという市民の感覚に、女性市長という選択肢がマッチしたこと。まったくしがらみのない市議活動を続けてきたことでクリーンなイメージを持たれたこと。言い換えれば、何かが変わるかもしれないという平塚市民の漠然とした期待の表れだったのだと思います。

こんな声も聞こえてきました。

「大蔵さんが善戦し、前市長が批判票の多さを受けて冷や汗をかき、行政方針を改めれば成功だと思っていた」

「選挙戦が３日前に終わっていたら大蔵さんの勝利はなかったかもしれない。大蔵陣営の最後の３日の追い込み、熱意が逆転勝利を呼んだ」

５万７１３３票の得票数は、市議選の当落ライン２０００票弱と比べて約30倍。まったくケタ違いの市民の声です。その重さを感じながら翌28日、私は平塚駅頭でお礼の朝立ちをし、30日に平塚市役所に初登庁しました。

５月３日、「かえよう、変えます！　市民の会」の報告交流会が開かれました。私は集まってくれた皆さんを前に、感謝とお礼の気持ちをこう表しました。

「どの方ひとりが欠けてもこの結果はなかった。それぞれの方の力が結集してこの喜び

平塚市長に初当選し、執務室で決意を新たにする筆者＝2003年５月

を分かち合えるのだと思います。まさに平塚の市民力が結集した大藏律子市長の誕生でございます。ありがとうございました」

最初に果たした公約は国産高級車を改造した市長専用車を売却し、庁用の普通車に替えたこと。そして5月9日、統一地方選後初めて、湘南市構想に関わる6首長（平塚・藤沢・茅ケ崎・寒川・大磯・二宮）が集まりました。

3市3町のうち、市長が交代した平塚市では私が見直しを訴え、茅ケ崎市では服部信明新市長が「湘南市には慎重」を公約に掲げていました。そのため、今後の方向性を確認した上で、26日、通算10回目となった湘南市研究会の場で解散が決定しました。

その一方、6月1日から市の公式ホームページで市長の行動記録や交際費の内訳を公開し、週単位で更新するようにしました。

そして6月3日、市長として臨む初の定例市議会が始まりました。大多数の市議会議員が前市長を推薦していたのだから当然といえば当然ですが、選挙公約に関わること、例えば市長給与を50％削減する案や、大型遊技場予定地を市が買収する案などはことごとく否決されました。さらにまだ比較的新しかった市長公用車を売却したことへの批判など、手厳しい〝洗礼〟を受けました。

また、所得制限付きで3歳児までだった小児医療費助成を、所得制限なしで4歳児まで拡大する案は、所得制限を残して小学校就学前までとする修正が議員提案されて可決されました。

一方、議会の外で市長のリコール運動を起こすと息巻く人が現れたり、選挙戦のあることないことを小説風に綴ったいわゆる怪文書がばらまかれたり、本当にいろいろなことがありました。

ただ、湘南市構想に限っては、肝心の湘南市研究会がすでに解散を決めていたため、議会で何度も取り上げられたものの、元に戻ることはありませんでした。

この頃の私を勇気づけてくれたのは、平塚市内外から寄せられた激励の手紙やメール。また新聞の投書欄などに、私の政治姿勢や手法に賛同する意見が紹介されたことです。

どの政党、会派とも等距離で接するというスタンスへの反発が強く、「根回し」といわれる議会対策をしないという批判もありましたが、議会開催日の市民傍聴者は確実に増え、活発な議論が交わされた議会への関心が高まったことは大きな収穫でした。

自治基本条例を制定

２００３（平成15）年の統一地方選挙では、私を含め全国で３人の女性市長が当選し、任期途中の人を含めて６人になりました。しかし６７３もある市の数を考えると微々たるものにすぎません。

６月の人事異動で、男女共同参画推進室長だった古谷智子さんを市民部長に昇格させましたが、平塚市で女性の部長職は彼女が初めてでした。

新米の市長として私は議会からの厳しい洗礼を浴びましたが、さらに前市長の〝置き土産〟の既決予算という壁がありました。

首長選を控えた自治体は最低限の経費のみで骨格予算を組み、選挙後に政策的経費を補正予算で計上するのが一般的ですが、３選を前提とした当初予算案が3月の定例市議会ですでに可決されていたのです。

手足を縛られたような状況でしたが、市民に選ばれて市長に就任した以上は何があっても踏ん張るしかありません。じっくりと腰を据え、市民との協働を実践することにしました。それが公約に掲げていた自治基本条例の策定です。

04（平成16）年の年頭の記者会見で、まちづくりの憲法ともいうべき「自治基本条例」

を市民とともに策定することを発表すると、公募の市民委員会には30人の定員を大幅に上回る58人の応募がありました。

担当職員は応募多数の場合は抽選という予定を変更し、全員を委員に採用しました。そして決定までの討議の過程を公開、公表しながら市民の理解を得ていくことにしたのです。

ほぼ同じ時期に、まちづくり・条例づくりの懇談会や、総合計画づくりのための「未来市民会議」なども立ち上げ、市民から公募した委員で、市民参加と職員集団の協働による条例案や、計画案づくりに着手しました。

自治基本条例は32回の検討を重ねた市民委員会、有志の職員チーム、有識者や各種団体からの推薦者などからなる「策定委員会」が原案を提案し、フォーラムやパブリックコメントなどを経た上で、06年3月の定例市議会に上程しました。

最も激論が戦わされたのは市民委員会でした。参加者自身、180度異なる思いや意見を条文に収斂《しゅうれん》させることの難しさを、身をもって体験したようです。市民委員会に関わったある研究者が思わず「平塚で策定できれば、日本中のどこにも作れない〝自治体〟はないだろう」と感想を漏らしたほどでした。

この原案は6月と9月の市議会で討議され、自治に対する意見の相違や認識の違いを乗り越え、ようやく全会一致で可決にこぎ着けました。

一方、2年目の05年度予算では、子育て支援を手厚くし、「大蔵カラー」を打ち出すことができました。

その一つが中心商店街の空き店舗を利用した「つどいの広場（もこもこ）」の開設です。乳幼児連れなら誰でも無料で子育て相談や相互交流ができ、若い夫婦を商店街に呼び込む効果も期待できました。

また、05年9月から親子の絆と子どもの心を育む「ブックスタート」を始めました。生後4～7カ月の赤ちゃんにお薦めの絵本が入った「ブックスタートパック」を贈り、読み聞かせなど、本を通したコミュニケーションの取り方を学んでもらう取り組みです。

図書館のほか、保健センターや子育て支援セ

「ブックスタート」の現場で赤ちゃんに語りかける筆者（右から2人目）＝2005年11月、平塚市内

ンター、公民館などで利用できるようにし、利用者にとても喜んでもらいました。

囲碁と将棋で活性化

平塚市長としての1期目は、自治基本条例、景観条例など、都市計画法関連の条例の制定や見直しを相次いで行いました。その結果、市政運営や行政執行の土台となるソフトを中心に市民参画が進み、協働ムードが高まったと思います。

協働には市長就任直後から始めた地区公民館での「いどばた会議」、市民グループとの「学びトーク」、職員との「テーブル・トーク」など、地域に出向いたり、昼食を共にしながら生の声を聞くスタイルが大いに役立ちました。

ハード面では、銀行跡地を利用した「紅谷町まちかど広場」の開設や、休日・夜間急患診療所を併設した新保健センターの開所、馬入サッカー場の開設、学童保育の公設（花水小、旭地区）、地域で支え合う「町内福祉村」の設置などを実現できました。

また２００４（平成16）年9月には、ともに学園都市であることから姉妹都市となったローレンス市（米国カンザス州）を訪れました。同市の市制１５０周年記念に合わせて市民訪問団を派遣することになり、私もその一員として参加し、心温まるホームステイを経験することができました。

同じく姉妹都市であるドイツのオイティーン市からもローレンスに訪問団が訪れ、人口8万人の街は歓迎ムード一色。ところが記念パレードで3市の市長が乗った馬車の馬が突然暴れだし、私はオイティーン市長に助けられました。その後、記念パレードは馬を代えて盛大に行われました。実質3日間の滞在でしたが、市民レベルの交流の大切さを改めて感じました。

ところで平塚は知る人ぞ知る囲碁の街。毎年10月には千面打ちで知られる棋界屈指のイベント「湘南ひらつか囲碁まつり」が開かれ、地域活性化につながっています。また04年12月には、平塚市民センター内に「木谷實・星のプラザ」を開設しました。市内の桃浜町に木谷道場を構え、「囲碁のまち平塚」の原点となった木谷實九段とその一門の功績を紹介する施設です。

すると「囲碁だけでなく将棋にも目を向けてほしい」という声が上がりました。そこで日本将棋連盟会長（当時）の米長邦雄さんにお願いすると、快く平塚に来てくださいました。それより前、競輪を主催する地方自治体の首長として、競輪振興法人のＪＫＡ（現在は公益財団法人）の評議員に就任した際、その議長が米長さんだったことから生まれたご

湘南ひらつか七夕まつり将棋大会で、来賓に招いた日本将棋連盟の米長邦雄会長（左）と記念写真に納まる筆者＝2007年７月、平塚市内

縁でした。

01年から始まった「湘南ひらつか七夕まつり将棋大会」は、米長さんの参加で大いに知名度が上がり、箔《はく》が付きました。その後も三段以上が参加できるA級七夕名人戦などで、毎年、熱戦が繰り広げられています。私は女性を対象とした「織姫《おりひめ》杯」を創設し、その賞状を贈っています。

08（平成20）年10月には、囲碁に縁のある自治体に「囲碁サミット」の開催を呼び掛け、８市（秋田県仙北市・長野県大町市・埼玉県北本市・山梨県北杜市・京都府綾部市・広島県尾道市・宮崎県日向市・神奈川県平塚市）が参加した第１回を平塚市で開くことができました。

囲碁や将棋は子どもから高齢者まで楽しめる日本の伝統文化。夫の宏祐《こうすけ》愛蔵の碁盤を見ると、下手を承知で私の相手をしてくれた日が思い出されます。

ふるさとで母校の高校生にエール

平塚市長として働き始めた翌２００４（平成16）年7月16日、私は生まれ故郷の鹿児島県加世田市の市政施行50周年記念行事に招かれたため、夏休みを利用して参加することにしました。すると当時の市長が私の母校、鹿児島県立加世田高校の先輩でもあったため、母校でも講演することになりました。

約６００人の後輩を前にすると、古いしきたりを破ろうとする者への抵抗が強い土地から、ひたすら外へ飛び出そうとしていた46年前の自分が思い出されました。

当時のような息苦しさはもうないだろう、私が経験したような農繁期の苦労もないだろうと思う一方、たとえどんな理由であれ、ここから出たい、中央へ出ていきたいと切望している若者は、いつの時代もいるのだろうと想像しました。

それで、「人には誰でもそれぞれの役割があり、情熱と努力で人生は開けてゆく。可能性を追求し、自分だけの人生を生きてほしい」と私なりのエールを送りました。

その後に開かれた市民による歓迎交流会は、さながら同窓会、同級会の様相を呈しました。小湊の生家に落ち着く間もなく、地元の公民館に連れて行かれ、ここでも多くの懐かしい人たちと再会しました。

人生の大半を平塚で過ごした私ですが、生まれ育った土地の空気は、どんなに時間が経ってもなんの違和感もなく、すぅーっと肌に染み入ってくるものです。そのせいか、この時の再会が機縁となり、今に至る付き合いも生まれました。

この帰郷は私にとっては1年8ヵ月ぶりでしたが、その前はというと実に10年以上も前のこと。両親の没後は帰郷することも減ってしまい、それでも〝心のふるさと〟を持つ幸せをしみじみと感じたひとときでした。

しかもこのとき、自費での同行を申し出てくれた秘書課の職員が、全国紙の鹿児島総局長（当時）と高校の同級生だったのです。その縁で、鹿児島出身の平塚市長が、平塚出身

鹿児島県加世田市の市政施行50周年で、歓迎交流会に出席した筆者＝2004年7月16日

の記者に鹿児島でインタビューを受けるという、不思議な体験をすることになりました。

後日、送られて来た彼の執筆記事には、鹿児島の片田舎で育った私が憧れた〝中央〟に属する平塚で生まれ育った彼もまた、私と同じような息苦しさを覚え、転勤族である新聞記者を選んだと書いてありました。

「平塚は東京への通勤圏。他県出身の女性を市長に選ぶくらいの開放性は備えたが、古いしがらみもたくさんある」

彼と秘書課の職員は、鹿児島市内きっての繁華街・天文館で旧交を温めながら、故郷を離れて初めて見えるもの、故郷にいるからこそ見えるものを語り合い、互いに励まし合ったようです。

加世田市はこの翌年の11月、周辺４町と合併して南さつま市となりました。いわゆる「平成の大合併」で、鹿児島県では96あった市町村が43まで減りました。過疎化や財政難など、理由はいくつもありますが、ふるさとの名前が失われてしまうのはやはり寂しい気がします。

激戦を制して市長2期目へ

平塚市長就任から1年が過ぎた2004(平成16)年7月、私は立候補時に公約として掲げた内容を大きく8つの分野に分け、その実施状況を検証、公表しました。

成果をアピールするためではなく、選挙が過ぎると忘れられがちな市民との約束を示し、市民に評価、判断してもらうために必要だと考えたからです。

全体の着手率は76%。ガラス張りの市政、市民と協働したまちづくり、福祉、自然・環境がこれを上回り、行政改革、地域と経済の活性化、教育・文化でも70%を超えました。

06(平成18)年9月、自治基本条例が成立した頃から、私の市長続投を求める声が上がり始め、税理士の大塚健次さんを中心に、市職員OBの平野博さん、川口義一さん、地元で事業を営む田代清美さんら、十数名の男性から成る「大くら律子を支援する市民の会」が結成されました。前回選挙の母体となった「かえよう、変えます! 市民の会」は、名称を「女性市長と歩む会」に変更され、07(平成19)年1月10日には市長2期目への挑戦表明に合わせ、「大くら律子を支援する市民の会」が、「女性市長と歩む会」を包括する形で新たに発足しました。

選挙は私と新人2人との争いになりました。正直なところ、どうしても勝ちたい選挙でした。未来市民会議などの場で、3年間さまざまな議論と作業を重ねて練り上げた市民との協働によるまちづくりと行政執行の指針となる総合計画が、市議会で根拠らしい根拠も示されぬまま、継続審議の末に廃案になったからです。

私は市民目線で市政に取り組んだ1期目の成果を問う選挙で信任を得て、さらに自治力、地域力を高め、市民のための市民によるまちづくりとなる新総合計画を実現したいと心の底から思うようになっていました。

「凛《りん》として平塚　愛、育てるまち」。

このキャッチフレーズとともに、1期目の実績の中で、当時の県内で初めて実施したことをいくつかアピールしました。

例えばホームページ（HP）での資産公開やメールマガジンへの首長コラムの掲載、当初予算の編成過程の公表、無担保無保証人融資制度の開始、防犯街路灯を水銀灯に換えて照度をアップさせたことなどです。平塚市美術館の鑑賞者と多目的室利用者は倍増。町内福祉村のボランティアは約3倍になりました。

さらに07年2月の公職選挙法の改正で、首長候補者は最大A4サイズのマニフェスト（政権公約）のビラを有権者に配布することが認められたので、これを活用しました。私たちは7項目の柱（政策綱領）と、期限を明示した33の政策を掲げて選挙に臨みました。そしてHPには、期限と数値目標などの具体的な取り組み内容を記した64の項目を明示したのです。

1期目と同じように手弁当のボランティア選挙でしたが、前の選挙後に作成した「大くら律子　平塚市長選挙の記録」が大きな手助けになりました。手探りで戦った初めての選挙の良かったこと、反省すべきこと、気づいたことなどが整理されていたからです。

同年4月11日の総決起集会には、統一地方選挙の前半戦で圧勝した松沢成文知事が駆けつけてくれ、告示直前の13日には平塚青年会議所の主催により、市長選候補予定者の公開討論会が行われました。

「発展か　衰退か」を掲げた自民党神奈川県連公認の若い候補者は、全国紙の海外特派

市長選で再選を果たし、2期目の初登庁で花束を贈られる筆者＝2007年5月、平塚市役所

員をしていた優秀な人物でした。しかも討論会を通じて感じたのは、私の対立候補というより、〝共通点が多くある人〟だということでした。

22日の投開票日、夜10時半すぎに当確が伝えられると、歓喜の声が事務所内に響きました。対立候補2人の合計得票を超え、次点とは9577票差でした。厳しい選挙戦を共に戦い抜いた一人一人の「市民の力」を感じながら、私は2期目への決意を新たにしました。

「子育てするなら平塚」と言えるように

平塚市長2期目の始まりとなる2007(平成19)年の6月市議会は、平塚市総合計画「基本構想」の全会一致可決でスタートしました。継続審議、廃案を経た長い道のりでしたが、07年度から10年間の市の将来像を示すことができました。

そしてマニフェストの着実な実現を目指す中で、特に意識したのが「子育てするなら平塚」と言われるような施策の充実です。そのひとつが県内で初めての「こんにちは赤ちゃん」訪問事業でした。

新生児と母親の心身の健康を守るため、出産から4カ月までの赤ちゃんがいる全ての家庭を、助産師、保健師、看護師が訪問する制度で、NHKのラジオ放送でも紹介されまし

ブラティスラヴァ世界絵本原画展を観覧される皇后さま（右から２人目）と筆者（同３人目）＝2006年９月、平塚市美術館

た。

　また、子どもが小さい頃から本に触れやすい環境を整備することは、私が市議時代から積極的に取り組んできたテーマのひとつです。１９８８（昭和63）年の新平塚市総合計画に図書館の市内４館構想が盛り込まれ、91（平成３）年に北図書館（田村）、93（平成５）年に西図書館（山下）、96（平成８）年に南図書館（袖ケ浜）がそれぞれ開館していました。

　市長になるとまず、小学校の図書室に専門の図書館司書を配置する事業を始めました。これで停滞気味だった学校の図書室に活気が戻ってきました。

司書は派遣先の学校だけでなく、中学校の学区単位で設置した「子供読書活動推進協議会」の運営も担っています。

この会が市内の図書館や公民館を拠点に活動する読書・朗読ボランティアの方々の支援を受け、子どもたちへの読み聞かせ、ブックフェスティバル、講師を招いたイベントなどを開催しました。それらの活動により、本好きの子どもの数は着実に増えていきました。

平塚市美術館にも子ども向けの美術の本や絵本コーナーがありますが、特に印象深いのは、スロバキアの首都の名にちなんだ「ブラティスラヴァ世界絵本原画展（ＢＩＢ）」の開催です。

まだチェコスロバキアだった時代の67（昭和42）年に創設された国際的な絵本原画の展覧会で、２年に１度開催され、絵本のイラストレーターに贈られる最も由緒ある国際賞の一つとして知られています。

受賞作品は日本各地の美術館でも展示されるようになり、平塚市美術館の開館15周年記念として開催した06（平成18）年９月20日には皇后さまが来館されました。

皇后さまはご自身が文章を書かれたり、英訳されたりした絵本が出版されるほど絵本に造詣が深く、当日も熱心に作品をご覧になっておられました。

平塚市で安心して出産、子育てができるよう、産科ベッド数の確保や小児医療の通院費の助成対象の拡大にも取り組みました。

それまでは0歳児が無料、就学前までは所得制限下で無料でしたが、08（平成20）年4月からは就学前までは全員無料、小学3年生までは所得制限はあるものの無料となり、子育ての安心感を少し増やせたと思います。

懸案だった道路が全線開通

2期目の市長選で掲げたマニフェストの中には、「すぐやる」と明記した事案がいくつもあります。その中でも長年の懸案となっていたのが市道「平塚山下線」の貫通工事でした。

平塚市の中心市街地と旭地区を結ぶ主要道路でありながら、平塚5丁目内の一部が何十年にもわたって未整備のままだったのは、都市計画道路の予定地に、病死した家畜を処理するへい獣処理場があったことが原因でした。

創業当時の処理場は田畑の中にポツンと立っていたそうですが、周辺の宅地化が進み、強い悪臭への苦情が絶えず、市内の工業団地への移転が計画されました。が、移転先の住民には到底受け入れられません。

当時、県の畜産課は、へい獣処理場は衛生的な食肉流通のためには欠かせない施設で、解体物も石けんや有機肥料として再資源化されるので「死亡家畜は産業廃棄物で域内処理が基本」との見解を示していました。老朽化が進む施設に厳しい目が向けられるものの、膠着《こうちゃく》状態のまま。それがようやく解決に向かったのは、経営者の代替わりと、市職員の粘り強い交渉があったからです。

待望のこの道路は２０１０（平成22）年３月27日に全線開通し、周辺の狭小な生活道路に進入していた通過車両の問題が解消されることになりました。

２期目にはうれしいことがもう一つありました。04年４月に横浜ゴム株式会社から平塚市に無償贈与された旧横浜ゴム平塚製造所記念館の、八幡山公園への移築が完了したことです。

平塚に設立された日本火薬製造株式会社が英国人支配人の執務室または社交場として建てられたもので、平塚市内では唯一、県内でも数少ない明治時代の洋風建築物です。その後、会社は海軍に買収されて火薬廠《しょう》となり、洋館は横須賀水交社の平塚集会所として使われ、米軍接収を経て横浜ゴムに払い下げられていました。

この洋館を市民の社交場的な存在として残してほしいと市民が会を組織し、利用・活用方法等について検討を進めていました。このような市民による自発的な活動が起点となり、

市民オペラ「カルメン」で、「市長」の役を熱演する筆者（中央）＝2008年12月21日、平塚市民センター

04年に国の登録有形文化財となり、9月から解体工事が始まり、09（平成21）年3月、八幡山公園への移築を終えることができました。

市民からの公募で「八幡山の洋館」という愛称を得たこの建物は、指定管理者制度を導入し、音楽会や朗読会など、さまざまな形で市民に親しまれています。庭園には洋館にふさわしく、珍しい品種のバラが植えられ、市民による〝バラの会〟が管理して、いつも美しく優美な眺めを醸し出しています。

このほか平塚市文化財団の設立10周年記念事業として08（平成20）年12月21日、平塚初の市民オペラ「カルメン」が平塚市民センターで演じられることになりました。

平塚出身のオペラ歌手の岩崎由紀子さんが総監督を務め、一流のソリストやスタッフに加え、平塚市民オペラ合唱団、平塚音楽家協会、平塚ジュニアコールなどが合唱を担当しました。

暑い時期から始まった練習を何度か激励に行ったところ、この私が「市長」の役で特別出演することになりました。

本来は男性の市長という設定ですが、せっかくなのできらびやかな黒いドレスをまとった女性市長という役回りで、楽しく舞台に立たせていただきました。

平塚七夕とベルマーレ愛

平塚といえば「七夕」と思ってきましたが、市長として各地を訪れて平塚を紹介すると、「湘南ベルマーレの平塚」という反応が多いことに気づきました。

１９９３（平成５）年にＪＦＬ１部で優勝してＪリーグに昇格した時のチーム名は「ベルマーレ平塚」。95（平成７）年元日の天皇杯優勝や、同年に入団した中田英寿選手が所属した時期も「ベルマーレ平塚」でした。99（平成11）年までのホームタウンは平塚市１市だけで、その後7市3町に広域化し「湘南ベルマーレ」となったのです。

平塚競技場（Ｓｈｏｎａｎ　ＢＭＷスタジアム平塚）で開かれるホーム試合には、だいたい半分以上足を運んで観戦していました。

一人一人の選手がライトに照らし出されるナイターゲームで、グラウンド全体を俯瞰《ふかん》して初めてわかる組織的な動きや、華麗な連係プレー。それに加えて平塚競技場に行けば、知らない人同士でも声を掛け合い、自然とテンションが上がる。一緒に応援しながら一体感を共有できるのも、ライブの観客席ならではの楽しさです。

特にJ1昇格が決まった2009年シーズンは忘れられません。まずは11月21日、山梨県小瀬スポーツ公園陸上競技場で行われたヴァンフォーレ甲府戦の応援に行きました。昇格を争う相手に追いつかれる展開でしたが、終了間際のゴールで3位に浮上。そしてザスパ草津と引き分けた後の12月5日、ケーズデンキスタジアム水戸で行われた水戸ホーリーホック戦に電車やバスを乗り継いで駆けつけました。

2点のビハインドをひっくり返し、3対2で逆転勝利した選手の頑張りに、頭の下がる思いでした。心が震えるような感動をもらいました。急いで平塚に引き返し、祝勝会場となる平塚競輪場に向かいました。すでに夜の遅い時間にもかかわらず、会場は駆けつけてくる市民の歓喜のるつぼと化したのでした。

振り返れば市長就任時、相模川の馬入堤内・堤外地の再整備計画があり、野球場として使用していた長瀞スポーツ広場に、芝のサッカーコートを2面造成する予定でした。既に

ｔｏｔｏ（スポーツ振興くじ）の助成金を得ていたのですが、私はこれを辞退しました。当時の計画では平塚市大神の河川敷のサッカー場を野球場にする工事を同時に行うことになっていて、しかもｔｏｔｏの助成金は単年度に完結するという条件が付いていました。それでは市の財政的負担が大きく、冠水しやすい場所をどう活用したら適切か、市民や関係団体との議論も必要だと考えたからです。

その後、02（平成14）年のＦＩＦＡワールドカップ記念事業助成金が使えることになり、06（平成18）年3月に天然芝のサッカーコートが完成しました。湘南ベルマーレはここを拠点に練習するなど、地元密着を深めてくれています。

湘南ひらつか七夕まつりで踊る筆者
＝2010年７月１日、平塚市内の商店街

初めて訪れた平塚の七夕に感動し、平塚で暮らし始めてからも七夕との縁を深めてきました。市議時代、海外から平塚に移り住んだ親子たちの日本語教室のボランティアをしていた時、織り姫とひこ星の物語を絵に描いて語ると、誰もが目を輝かせて聞き入ってくれたのでした。

七夕と湘南ベルマーレ、どちらも平塚市民に愛されるすてきな宝物。これからもみんなで大事にしていきたいものです。

震災の年に市長退任

平塚市長2期目の最終年度の2010（平成22）年には、平塚の魅力をアピールする県立の「花菜《かな》ガーデン」、JA湘南の「あさつゆ広場」がオープンし、湘南・県央地域では初めての市営パークゴルフ場も完成しました。

子育て支援のつどいの広場では「きりんのおうち」「どれみ」が完成し、目標としていた市内4カ所を達成することができました。西部福祉会館のオープンにより、「福祉会館4館構想」も実現しました。また、28の小学校全てに加え、中学校でも5校に学校司書を配置することができました。

中でもマニフェストに掲げた「平塚駅周辺の交通バリアフリー整備事業」では北口バスロータリーの改修を終え、11（平成23）年3月には西口に2階建ての大型駐輪場が完成する運びとなり、駅周辺の放置自転車問題の解消にめどが立ちました。

また、西口跨線橋《こせんきょう》の南北と上下線ホームの4カ所にエレベーターを設置する計画も、JRとの費用分担が決まって動きだしました。

11年は統一地方選の年に当たり、義務的経費を中心とした骨格予算の編成を進め、当初予算案を発表した2月8日、私は市長選への不出馬を表明しました。市長選に初めて立候補した時に2期までと明言しており、出馬を求める声には「政治家の言葉は重い」と説明しました。そして市長選は新人3人による争いとなりました。

2期目を終えるにあたり、「女性市長と歩む会」によるマニフェストの達成度評価でも64項目中50項目で達成、10項目でほぼ達成の評価を頂いており、すがすがしい気持ちで辞任を表明することができました。

ところが、次期環境事業センターの起工式が行われた3月11日、東北地方太平洋沖地震(東日本大震災)が発生しました。平塚市内には大きな被害はありませんでしたが、すぐに災害対策本部を立ち上げ、JR平塚駅に足止めされた乗客のために避難所を開設しました。

17日には「災害時相互応援に関する協定」を結んでいる宮城県石巻市に支援物資を搬送し、避難者への住宅提供や同市への平塚市職員の派遣を開始し、市内の小中学校に転入し

平塚市長の退任式に詰め掛けた市民や市職員ら。左方で花束を抱えているのが２期８年を務めた筆者＝2011年４月、平塚市役所

た児童生徒を励ます会を催しました。

平塚市内の企業からの義援金も相次ぎ、４月14日、市民約26万人から１人当たり１００円負担として算定した２６００万円を、石巻市に持参しました。

まだ東北新幹線は復旧しておらず、岩手県の花巻空港から現地手配の車で向かったものの、通行止めが多くて道に迷い、思いのほか時間がかかってしまいました。

すでに震災発生から１カ月以上たっていましたが、津波と火災に襲われた市街地は、見渡す限りがれきの山。あまりの惨状を目にして言葉が出ませんでした。思えばこれが市長としての、最後の対外的な仕事になってしまいました。

４月29日、平塚市役所で退任式が催され、多くの人が見送ってくれました。市庁舎を出る私を、夫の宏祐《こうすけ》が満面の笑みで迎えてくれました。

第二章　つなぐ、つながる 協働への思い

憧れの平塚の団地で新生活スタート

鹿児島県で生まれ育ち、横浜市内の栗田工業総合研究所に就職した私は、同期入社の大藏宏祐と結婚し、夫が勤めるタイホー工業の社宅で暮らしていました。

その社宅からの脱出を目指し、公団や公営住宅への申し込みを続けているうち、平塚市に新しく造られる県営横内団地に当選したのです。

「あのすてきな七夕がある平塚に住める！」

少し前に平塚の七夕まつりを訪れ、とても感銘を受けていたからです。私たち夫婦は大喜びし、とりあえず現地を見てみることにしました。

距離的には伊勢原駅と平塚駅のちょうど中間あたりで、便数の少ないバス路線が1本あるのみで、とても遠く感じられました。

横内団地はその後、50棟もが立ち並ぶ大規模団地になりますが、その頃はまだ1、2棟の工事が進んでいるだけ。目の前には建設予定地のだだっ広い空き地が広がり、その周囲は青々とした田んぼや畑です。

その何もなさ、しがらみのなさに「七夕」という魅力が加わって、この新しく誕生する町に移り住むことに決めました。たまたま抽選に当たったわけですが、その後の平塚での人生を考えると、不思議な縁を感じずにはいられません。

横内団地のできたばかりの2号棟に入居したのは1967（昭和42）年3月末。その年の7月に長女の睦子《よしこ》、70年の7月に長男の義晶《のりあき》を授かりました。睦子は帝王切開、義晶は出産直前まで逆子の状態で、いずれも楽な出産ではありませんでした。

睦子が生まれてまだ間もない頃、母親と小学校の先生がそろって相談に来て、ある子どもの勉強を見てほしいと頼まれました。事情を聴くと、団地に住む小学校1年生の双子の一人が体が弱く、満足に小学校に通えないというのです。

横内団地から通学先の神田小学校まで、直線距離でも2キロはあり、通うのは確かに大変でした。

こうしてこの子の面倒を見始めると、その同級生の男の子のお母さんから、自分の仕事が終わるまで、息子も一緒に面倒を見てほしいと頼まれました。それがきっかけで、わが家は寺子屋状態になり、いつしか「大藏塾」と呼ばれるようになりました。

小学生の時に通い始めた子が中学生になっても続けて通って来たり、高校生になってからも数学と化学を教えてほしいと頼まれたり、多い時には20人くらいが通ってきました。

横内団地を出て平塚市内の田村に移ってからもそのまま続け、結局20年近く続けたこと

「大藏塾」第１号の女の子（前列左）を預かり、長女の睦子（同右）と写真に納まる筆者＝1968年、平塚・横内団地

になります。

私はその間に消費者の会や生活協同組合（生協）の活動に参加するようになりますが、集まりが終わるといつもさっさと帰宅していました。お茶を飲みながらおしゃべりするのは好きだし、付き合いは大切にしたいけれど、子どもたちを待たせるわけにはいかなかったからです。

つい最近も私は、年代が違う子どもたちをどう仕分けて勉強させるか、あれこれと思案を巡らせている夢を見ました。

日曜朝市で野菜を販売

私たちが入居したときには3棟しかなかった平塚の横内団地は、次々に新しい棟が完成していきました。

私が小学生を主な相手に「大藏塾」を開いている最中、同じ棟に住んでいた岡部茂子さんが、まだ小さかったわが子の面倒を見てくれるようになりました。

家族ぐるみの付き合いになり、彼女の故郷、山梨の上野原町（現上野原市）桐原《ゆずりはら》に遊びに行くようになりました。彼女の実家がシイタケの栽培農家だったので、夫の宏祐《こうすけ》はシイタケの菌を植え付ける原木を山から切り出す作業を、楽しそうに手伝っていました。大阪の街育ちで、山の作業が珍しかったのです。

まだ小さかった私の子が泣けば、手が空いている誰かが自分の子どもと一緒に面倒を見てくれる。「大藏塾」はこうした多くの人たちの支えがあって続けられたのですが、同時に専業主婦の私にとって、社会に開かれた窓でもありました。

横内団地では増え続ける入居者に対して、生活に必要な施設の整備が遅れていました。当時はとにかく住居の整備が優先されたのだと思います。

そんなある日、全国紙の新聞記者に「実際に住んでいる人たちから、街づくりに対する声を聞きたい」と頼まれ、何人かが近くの喫茶店に集まってインタビューを受けました。

「こんなに人が増えているのに、郵便局もスーパーマーケットもない」

「保育園も幼稚園も、公共施設が何もない」

「問題をどこに持ち込めばいいのか、誰に頼めばいいのか分からない」

聞かれるままに、思い思いの不満や不安が口をついて飛び出しました。

大規模団地の入居者の需要を見込み、個人経営の商店が数店できましたが、それではとても足りません。だからといって、いったい何から手を付ければいいのかわからなかったのです。

そんな時、団地の中で自治会をつくろうという声が上がりましたが、私のような主婦が集まり、男性主体の自治会とは別に、自治会の女性部をつくることにしました。それが「横内団地消費者の会」として活動を始めたのは、１９６０年代の終わりごろだと思います。

まず欲しかったのは、新鮮な野菜でした。団地の周りには青々とした畑が広がっている

「横内団地消費者の会」を設立する一方、長女睦子（左）と生まれたばかりの長男義晶（右）の子育て真っ最中の筆者＝1970年、平塚・横内団地

のに、手に入れられるのはしなびた野菜ばかりです。

そこであちこち、つてを頼って探したところ、平塚農業高校の出身者を介して、伊勢原市農業協同組合の青年部を紹介してもらいました。

私たち消費者の会は、団地の集会所で青年部の彼らと何度も話し合い、朝市の開催にこぎつけました。子どもたちはまだ幼かったのですが、毎週日曜日の朝6時から2時間ほど、横内団地の通路の広い所で、彼らが提供してくれる、取れたての新鮮な野菜を自分たちの手で売り始めたのです。

何度も彼らの畑に足を運んで注文をつけたり、食べたい野菜をリクエストしたり、欲しいものがどんどん増えていきました。

生協活動との出会い

平塚の横内団地の女性たちが協力して立ち上げた「横内団地消費者の会」は、伊勢原農協青年部の協力を得て、日曜ごとの朝市を成功させました。

「まな板の上でキュウリが跳ねるのよ!」

念願通りの新鮮な野菜を手に入れた私たちは、次に安全な卵や牛乳に目を向けました。

1955（昭和30）年の森永ヒ素ミルク中毒事件や、72（昭和47）年の明治乳業のヤシ油混入事件など、食の安全をないがしろにする企業の実態が次々と明らかになり、70年代には各地で消費者が声を上げ、自ら活動を始めました。

私たちもまず、湘南養鶏所という鶏卵生産者と組んで卵の共同購入をスタートさせました。団地内の注文を取りまとめて発注し、団地の入り口まで配達してもらうのです。卵を積み込んだ車の助手席に私が乗り込み、各棟に注文分の卵のケースを下ろし、その日の夕方に私が窓口となって代金を精算し、業者に支払うシステムをつくりました。

次は牛乳です。東京の学校給食に牛乳を提供している全国酪農業協同組合連合会（全酪）なら安全だと考え、東京都港区にある事務所を訪ねました。子連れの母親集団を目の前にして、全酪の担当者はさぞ面食らったことと思います。

それでも下郡山玲子さんを中心に粘り強く交渉し、卵と同じような牛乳の配達システムを、横内団地につくることができました。

この頃、横内団地の朝市が画期的な試みとして新聞紙面で報じられました。平塚の団地に活発な消費者の会があることが、広く紹介されたのです。それがきっかけで、69（昭和44）年に藤沢市の善行団地にできたばかりの「湘南市民生協」から、何か協力できないだろうかと声がかかりました。

ちょうど県や平塚市の補助金で、安全な牛乳で子どもたちを健康に育てようという、牛乳のモデル小売事業が始まっていました。私たちも手を上げたものの、冷蔵設備が必要だとわかり、頭を悩ませていました。横内団地の規模なら、それなりの大きさが必要ですが、「消費者の会」にそんな資金はありません。

それで湘南市民生協の立ち上げに関わり、県内の消費者運動ではよく知られた井之川平等さんや、生協職員の野沢正吾さんらに相談してみました。

すると、冷蔵設備を「消費者の会」に代わって湘南市民生協が購入し、牛乳の売り上げ代金から返済していくという形で便宜を図ってくれました。

こうして横内団地に新たに「牛乳センター」

牛乳センターの前で長男の義晶を抱く筆者
＝1973年、平塚・横内団地

が開設されたのです。何もわからないところから始め、新鮮な野菜、安全な卵や牛乳を入手する仕組みをつくれたことは大きな自信となりました。そんな一連の経緯をきっかけに、私は生活協同組合（生協）の活動に力を注ぐようになっていきます。下郡山さんたちとガリ版刷りのチラシを作って団地内で配ったり、生協を紹介するスライドを上映したりして加入者を募りました。

団地の外でも、生協の家庭班をつくる活動に奔走しました。今はどの生協も戸別配達が当たり前ですが、当初は7人で1班。それを少しでも増やそうと、勧誘に熱が入りました。

ロッチデールの精神に共感

私が平塚市の横内団地で生協活動の家庭班づくりを始めて間もなく、3歳になった長女は1年前に下島にできた美里幼稚園に入りました。

私は「母の会」の役員を引き受け、園児の発表会に親も参加して、コーラスや盆踊りを披露しました。そうした活動が楽しく、運動会で玉入れのポールを支えていたら、幼稚園の先生と間違われたほどです。さらに母親らによるクラス対抗のバレーボール大会を企画すると、これにも多くの人が参加してくれました。

こうした経験からいえるのは、子育て中で家にこもりがちだったお母さんは、幼稚園の役員などをきっかけに、社会参加の場が広がるということです。

長女が幼稚園の年長組、長男が3歳だった1973(昭和48)年、第1次オイルショックが起き、トイレットペーパーや洗剤の買い占め騒動が起きました。

この時、各地の生活協同組合(生協)が生活必需品の確保に取り組んだため、「スーパーになくても生協にはある」といううわさが広まり、一時的に加入者が急増したケースもあったようです。

しかし、私が生協活動に熱中したのは、欲しいものを手に入れよう、というその場しのぎではなく、生協の起源とされるロッチデールの人々の精神にほれ込んだからです。

美旦幼稚園の「母の会」で活動する筆者
=1972年ごろ、平塚市下島

１８４０年代、産業革命が進む英国では、多くの人が失業の恐怖と低賃金に苦しんでいました。マンチェスター近郊の織物の町ロッチデールも例外ではなく、生活必需品の不足や品質劣化に悩まされていました。

ロッチデールの人々は話し合い、職場に残れた人が働いて稼ぎ、そうでない人たちは生活必需品を買い集め、それをみんなで分け合うことにしたのです。

人々は少しずつ積み立てたお金を元手に店舗を開設して、小麦粉、バター、砂糖、オートミール、ろうそくを仕入れました。

これが協同組合の起こりだとされていますが、まさに人間が生きていく上でよりよい暮らし、よりよい生き方を求めるための、最高の知恵だと思います。

誰であれ、自分にできることで力を出し合えばよいのであって、みんなが同じことをする必要はないのです。

私は生協について学び、初めてこの話を聞いたとき、思わず「これだ！」と思いました。私が小学生の時、潮干狩りをする人と売る人とで役割を分担し、クラスメートの修学旅行費用を捻出したのも、まさにこれと同じ考え方でした。

たとえ国や時代が違っても、人と人とが支え合う仕組みは自然に生まれてくるもので、それが協同組合として組織化された一つが生協運動なのです。

この「協同」をさらに進め、平塚に「協働型社会」をつくり上げたいという思いが私の政治活動の原点になっていくとは、この時点ではまだ想像すらできませんでした。しかしその意味では、生協との出会いは私にとって、とても大きなものだったと思います。

時は巡り、２０１６（平成28）年11月30日、ユネスコ（国際連合教育科学文化機関）は「協同組合」の協同の精神を世界無形文化財に指定しました。その運動の末端で「協同」の実践に心を砕いた私にとっては至高の喜びです。

かながわ生協が発足

生活協同組合（生協）の活動に熱中するようになった私は、湘南市民生協の家庭班長として、平塚市の横内団地の中の家庭班をまとめる役に就いていました。

班長は班員の購入費を計算して集金しなければならず、なかなか大変です。

そのころは組合員が１人でも増えれば、商品の値段が安くなると聞かされていました。より良いものを、より安くするには、できるだけ多く作って生産効率を上げ、生産コストを下げる必要があるからです。

横内団地の「消費者の会」が、力を合わせていろいろなことをやり遂げてきたように、生協でもより多くの人が加入すれば、その分が加入者・組合員に還元されると考えました。オイルショックが起きると、生協では高齢者や子ども、病気の人や障害のある人がいる家庭への供給を優先し、多くの会員の家庭がモノ不足に悩まされるという事態が各地で相次ぎました。

それでも生協の「協同」の精神を説き、熱心に加入者を募ったので、横内団地は最も加入率の高い地域の一つでした。

1974（昭和49）年、私たち一家は横内団地を出て近くの田村に引っ越しましたが、私はここでも生協の加入者を増やすことに熱中しました。長女が市立神田小学校に入るとPTAを通じたつながりから加入する人が増え、1年で40班を超えたほどです。

当時は食品添加物が問題になり、「豆腐にはフリルフラマイド（AF2）が、ハムにはリン酸や亜硝酸塩が入っている」などと聞かされ、いったい何を口にしていいものやら、ためらわれたものです。

大学で化学を学んだ私は、実際に食品から添加物を検出する実験をして見せ、みんなで生協に入り、納得できる商品を作ってもらおうと訴え続けました。

新しい団地や住宅街ができたと聞けば、遠くてもすぐに飛んで行きました。頼まれればどこへでも出かけ、止めた車の場所が分からなくなるほどチラシ配りに熱中したこともあります。そのせいで周囲の人の多くが、私のことを生協の職員だと思っていたようです。

かながわ生協の理事会に出席する筆者（右から４人目）＝1975年ごろ

75（昭和50）年5月、県内の川崎、川崎市民、横浜、湘南市民、浜見平の五つの生協が合同し、「かながわ生活協同組合」が発足し、私は理事に就任しました。

横内団地の牛乳センターはこの合併を機に終了しましたが、横内団地消費者の会は新たな役員らによって活動が続けられました。とはいえ、近隣にはスーパーもでき始めていたため、生協の合併後に加入を継続した人は少し減ったようです。

長女が小学校1年生だった74年の夏休み、PTAで校庭の草むしりをしていたとき、上空をたくさんのヘリコプターが飛びかう騒ぎが起きました。

横内団地で、階下のピアノの騒音に腹を立てた住民が、その部屋のお母さんと2人の幼い娘さんを包丁で殺害するという痛ましい事件が起きたのです。団地暮らしで起きた深刻なトラブルとして、当時大きな話題になりました。

生協の店舗をつくる夢

かながわ生活協同組合（生協）の理事を引き受けた私はますます家庭班づくりに熱中し、行く先々で「生協の大藏さん」と見られていました。

小学校のPTAや子ども会を通じて知り合った人たちを中心に、組合員が順調に増えた1977（昭和52）年ごろ、生協の店舗をつくろうという動きが起こりました。

共働きの家庭が増え、配達時間に合わせることが難しくなり、自分の都合で商品を取りに行ったり、買いに行ったりできるお店があった方が便利だからです。

幸い生協の活動方針に賛同してくれる地主の方に巡り合い、土地を提供してくれることになりました。ところが「建設予定地」の看板を立てた途端、無責任なうわさが広まりました。

「あいつらはアカだ」

「生協の店ができると暮らしが壊される」

血縁や地縁が強い土地に昔から住んでいる人たちからすれば、団地や建売住宅に移り住んできた私たちは新参者であり、よそ者でしかありません。そうしたやからを放置すれば、町が過激な共産主義の思想に染まってしまうと言うのです。

57（昭和32）年に初めて10万人を超えた平塚市の人口は、20年後の77（昭和50）年に20万人を超えました。生協の店づくりを始めたのはちょうどその頃で、地域の住民構成が加速度的に変わりつつありました。

いつの時代でも、新しい店舗は既存店舗にとっては脅威となります。当然のように、地域の小売業者の反対も強固でした。双方で日程を調整したにもかかわらず、既存店の商店主は話し合いをボイコット。商工会議所には大規模小売店舗立地法（大店法）を理由に、一方的にあしらわれました。

「生協運動は一人一人が出資者であり、誰かがもうけるためのものではありません。自分たちの暮らしを守るため、危険な食品添加物が含まれない安全な商品を作り、そういう品物だけを売る店です。だから店舗をつくらせてください」

こんなふうに、何人もの市議会議員に陳情しましたが、結果的に応援してくれる人は一人もいませんでした。

そうしたさなかの78（昭和53）年5月、私がかながわ生協から第1回国連軍縮特別総会に派遣され、米国に向かった時は、「あいつが国連の会議なんかに行くわけがない。成田闘争の応援に行ったんだ」という悪意のあるデマも流れました。そうしたレッテルを貼り、異なる考え方を持つ者を排除しようという典型的な動きがありました。

この時は飛行機に乗り込む私たちの姿がテレビニュースで流れ、明らかなデマだと認知されたのですが、私が帰国した後も、状況は好転しませんでした。

有形無形の圧力がかかったため、79（昭和54）年2月、やむを得ず店舗づくりを断念し

生協の店づくりをめざし、地域の餅つき大会に参加する筆者＝1979年ごろ

ました。激しい反対運動の矢面に立たされた地主さんが、とうとう持ちこたえられなくなったのです。

でも、私たちはあきらめてはいませんでした。目的は店をつくることではなく、自分の住んでいる土地で、人間らしく暮らしていくこと。そのための努力を続けているうちに、生協の小型店舗をつくろうという新しい目標が生まれました。

国連軍縮総会に参加

5つの生活協同組合（生協）が集まり、かながわ生協が設立されて以降、生協は「より良い物をより安く」のみならず、有害物や公害から暮らしを守る活動も活発に行うようになりました。

そんな中で国連軍縮特別総会が開催されることになり、かながわ生協からも代表を派遣することになりました。私もその一人に選ばれ、出発前は核廃絶の署名集めに奔走しました。

この軍縮特別総会はユーゴスラビア（後のセルビア・モンテネグロ）のチトー大統領が提唱し、国連総会で開催が決まったもので、1977（昭和52）年春から準備が始められ、

78（昭和53）年5月、１４９カ国の代表が米国・ニューヨークに集まりました。

日本からも日本原水爆被害者団体協議会（被団協）や日本労働組合総評議会（総評）をはじめとする各種団体がこぞって人を送り出し、代表団は数百人規模だったと思います。

私たちは他県の生協や被団協の人たちと同じグループになり、ニューヨークに集まった各国の参加者やＮＧＯの会議に出席したり、国連の会議を傍聴したり、街頭署名、教会や公園などで行われる集会への参加などを通じて核兵器の廃絶を訴えました。また、手分けして各国の国連大使を訪問することになり、私たちはブータンの大使に面会しました。

国連軍縮特別総会に参加し、集会で各国の参加者と交流する筆者（右端）＝1978年５月、米国・ニューヨーク

5月26日にニューヨークで行われたデモでは、日本から来た高齢の被爆者が自ら先頭に立ち、言葉が通じないことにも動じず、身ぶり手ぶりで原爆の悲惨さを訴えていました。

その姿は外国人のみならず、私のような日本から参加した者にも大きな衝撃と勇気を与えるものでした。

街中の公園でベトナム戦争への怒りや悲しみを語る人に出会い、大通りでは各国語で書かれたプラカードの意味を読み取ろうと四苦八苦。抗議集会では強い抗議の意思を込めて死んだふりをする「ダイ・イン」を初めて体験しました。

顔や身体にペインティングしてデモに参加する人が多く、意思表示やパフォーマンスの方法が日本とは違うなと感じました。

日本代表団としてのスケジュールに加え、オプションのツアーで訪問した当地の生協には、カナダ産の大型家具がズラリと並べられていました。まるで大きなデパートです。理念は同じでも、家庭班という組合員組織を中心とする、日本の生協の店づくりと全く違うことに驚きました。

ニューヨークでの行動を終えた代表団はいくつかの班に分かれて米国の諸都市を訪問することになり、私たちはまずカリフォルニアへ向かいました。ロサンゼルス市内で大きな集会に参加し、その後ハワイへ飛び、軍縮と核廃絶を訴えて行進しました。

のどかなサトウキビ畑の真ん中を、プラカードを掲げて進むのは、ちょっと場違いな気がしましたが、この土地には米軍の核兵器の格納庫があるのです。

歩き疲れた私たちがヤシの木陰で休憩していると、地元の人たちが温かい笑顔で飲み物やクッキーを振る舞ってくれました。

10日余りにわたった私にとっては初めての海外旅行。それは唯一の被爆国である日本人として何ができるのか、改めて考えさせられる旅となりました。

原爆の惨禍を語り継ぐ

米国で行われた第1回国連軍縮特別総会にかながわ生活協同組合（生協）から派遣されて出席した私たちは帰国後、あちこちで自分たちが見聞したことを知らせる報告会を開きました。

当時は広島、長崎に原爆が落とされてから33年。私を含めた日本人の多くが、その悲惨な歴史を過去のものとしつつある現実を、何とかしなければならないと思うようになっていたのです。

神奈川では1981（昭和56）年3月、原爆被災者の会や生活協同組合連合会など18の団体が参加し、「母と子の原爆展」全県実行委員会を立ち上げました。

そして県内の10会場で「母と子の原爆展」を開催し、大きな話題となりました。私は6月に小田原市民会館で開かれた原爆展に関わり、原爆の惨禍を多くの人に伝える催しの大切さを痛感しました。

81年の10月以降、米国のレーガン大統領がソ連を「悪の帝国」と非難したため国際間の緊張が高まり、さらに同大統領が欧州における限定核戦争の可能性に言及したことから、欧州各地で大規模な抗議集会やデモが起こりました。

日本でも各地で平和運動が広がり、82（昭和57）年の「母と子の原爆展」は、県内34会場へと拡大しました。

私たちは平塚でも「母と子の原爆展」を実施するため、地域実行委員会を立ち上げ、「一人でも多くの人に」を合言葉として準備を進

広島で開かれる平和大会に２人の子どもたちと向かう筆者（右）＝1980年ごろ

めました。

そして5月14日から3日間、平塚市勤労会館で、広島の原爆遺品、神奈川の戦争遺品、平塚の戦災遺品を展示し、広島・長崎の原爆の被害写真や、被災者が描いた絵、神奈川の軍事基地の写真、平塚の戦災写真などをパネル展示しました。

映画『人間をかえせ』『ピカドン』のほか、ベトナムの枯れ葉剤を扱ったビデオを上映したり、ヨーロッパで高まる平和運動の様子をパネルにして紹介したり、戦災や被爆体験を当事者の言葉で語ってもらう平和の集いも開催しました。

会期中の入場者は1万人を超え、寄せられた2000枚の感想文は、どれも読む人の心を打つ言葉にあふれたものでした。

会場でパネルをじっと見つめる親子連れ、目を背けることなく最後まで映画を見てくれた子どもたち、つらい思いをかみしめながら会場を回る年配の方々。その真剣な姿が目に焼き付いて今も忘れられません。

翌83（昭和58）年4月、私の住まいに近い平塚市の神田公民館で「母と子の原爆展」を開催しました。土曜、日曜の2日間で、当時4205世帯あった大神・田村地区から約1400人が原爆展に足を運び、650人もの人がアンケートに感想を書いてくれたのです。

前年の平塚市勤労会館の規模には及びませんが、延べ101人が会場の設営や運営を手伝う手作りの原爆展。この時「せんそうをしないでください」と書いてくれた6歳の女の子も今はもう40歳ぐらいでしょうか。一人でも多くの人に、この原爆展を見た日のことを覚えていてほしいと思います。

生協四之宮店をオープン

1979（昭和54）年に一度頓挫した生活協同組合（生協）の店づくりは、かながわ生協が運営する小型店として、平塚市内で実現を目指すことになりました。大型店の計画が中止になった後で、活動を再び盛り上げるのは容易ではありませんが、できることをやるしかありませんでした。

私たちは「楽しくなければ生協ではない」と考え、単なる説明会ではなく参加型の催しを企画しました。

料理教室や食品添加物のテスト、千代紙細工、軍手を使った人形づくり、人形劇団ひとみ座の公演などを、誰もが入りやすい公民館などで開き、生協の必要性を訴えました。また、かながわ生協が75（昭和50）年から始めた「生協まつり」の横浜会場や平塚会場に倣い、小型店づくりを目指す田村地区でもやりたいと考えました。

そもそも「生協まつり」は「農協と生協の連携をどのように進めていくか」という「全国農協新聞」の対談から生まれたものでした。当時、農協の全国連代表と、東京、埼玉、神奈川の生協関連を代表した3人の組合員が語り合いました。

その中の一人である私と埼玉の菊池陽子さんとはその後も社会教育推進全国協議会（社全協）を通じ、いろいろな形での連携が続いています。2017（平成29）年6月27日にはコープソリューション新聞の西村一郎氏（生協研究家）による「私の協働の実践」の取材に同行し、わが家を訪れてくれました。

話を生協の店舗づくりに戻します。平塚市内の国道129号に面した広い空き地の所有者が兵庫県西宮市の酒造会社だとわかり、交渉して数日間の使用許可をもらいました。そして生協の仲間で生い茂っていた草を刈り、やぐらを組んだ手作りの納涼大会を、冬には同じ場所で餅つき大会を開きました。そして80（昭和55）年の夏、とうとう地域を巻き込んだ納涼大会の開催にこぎつけたのです。

周辺の町内会や自治会に盆踊りの指導を頼み、神田中学校のブラスバンドや子どもたちの田村ばやしにも参加を呼びかけました。ちなみに田村ばやしは16（平成28）年11月、平塚市の指定重要文化財に指定されてから40年となり、八坂神社で記念式典が開かれました。

こうして始まった納涼まつりは、それまでの不安が吹き飛ぶほどの人であふれました。綿菓子も、金魚すくいも、屋台の焼きそばも、全てが組合員のお母さんの手作りで、材料も飲み物も安全な生協製品です。仲良し3人組でキャンディーズに扮《ふん》し、「年下の男の子」を熱唱する娘たちの衣装も、組合員のお母さんが縫ってくれました。

「この地域でこんな大きな祭りができたのは初めてだよ」

「生協はいいことをやってくれるね」

そんなお褒めの言葉に、複数の自治会や地域の役員たちが金一封を添えてくれました。

そして100班1000人という生協の出店基準を満たすため、真夏の炎天下で勧誘活動を続けているうちに、子どもを通じた知人が、平塚市四之宮にある約350平方メートルの土地を提供してくれることになりました。

田村十字路に面していた大型店の旧候補地と違い、バス通りから少し奥まった場所ですが、地域の家庭班の組織力が評価され、出店が認められたのです。私が田村で最初の家庭班を作ってから8年がたっていました。

82（昭和57）年9月16日、「かながわ生協四之宮店」の開店祝賀会に臨んだ私は「この

生協四之宮店の開店を祝う筆者（左から２人目）
＝1982年９月、平塚市四之宮

店の運営を田村の町づくりに役立つ方向で進めよう」と決意を新たにしました。

　翌朝の開店を待ちかねるように店内に入ってきた人たちは、みな晴れ晴れとした笑顔でした。四之宮店づくりについては、ルポライターの故・今崎暁巳《あけみ》氏が『虹が立つ』『暮らしのルネッサンス』に記述されています。この本を読み、その後、『女性市長はこうして生まれた』（北村幸雄著・２００４年）に出会ったという横浜国立大学の大学院生の川上さんが「消費者活動」をテーマに修士論文を書くため、私の主宰する事務所「なかまの広場」へ取材に訪れました。

　四之宮店はそれからおよそ20年続いた後、現在は高齢者生協の福祉事業「ケアステーションたむら」となり、デイサービスや訪問介護の拠点として新たな役割を担っています。

母親の会で自ら学ぶ

高度経済成長期には新商品が次々と登場し、消費者の商品知識は不足しがちでした。そこで合理的な選択ができる「賢い消費者」をめざす消費者運動が活発化し、生活協同組合（生協）もその一形態として生まれました。

平塚で市の消費生活モニターを務めた人たちが中心となり、1970（昭和45）年に「平塚市消費者の会」ができると「横内団地消費者の会」にも声がかかり、時々顔を出すようになりました。

消費者運動の関心は身近な商品・生活の問題から公害・環境問題や経済政策、税制などへ広がり、テーマを決めた勉強会や調査、研究が行われました。消費者大会も盛んに開かれ、横浜の関内で催された大会で発表したこともあります。

冠婚葬祭や贈答儀礼、例えば子どもの習い事の先生へのご祝儀について「簡素化すべきだ」「月謝以外は必要ない」などと意見を出し合い、このテーマでNHKの朝の情報番組に出演したこともありました。

75（昭和50）年4月、平塚市長選で石川京一さんが初当選を果たした直後、平塚駅西口に日本中央競馬会の場外馬券売り場を建設する計画が表面化しました。

建設推進派は駅前商店街の活性化のためだと主張しましたが、市のイメージダウンや治安の悪化、交通渋滞などが懸念され、とりわけ子どもの教育環境への悪影響が心配されました。

この時、堀井忍さん、長坂紀子さん、金田和子さんらが平塚市立春日野中学校のＰＴＡに呼び掛け、「場外馬券売り場建設に反対する母の会」を結成すると、その動きが生協や消費者の会へと広まり、私も反対の署名活動に参加しました。

わずか10日間に寄せられた1万４１２０人の署名の重みは絶大で、建設計画は撤回されたのです。

会の当初の目的は果たされましたが、「この運動の成果を生かすため、みんなで学ぶ場を持ちたい」という声が上がりました。そして同年12月、一部の有志により「平塚母親の会（現ひろばの会）」が発足し、私も加わりました。

当時の私は生協の小型店舗づくりに奔走し、地域の理解を得ることに一生懸命でした。「納涼まつり」や「母と子の原爆展」を開いたのもその一環です。

そんな時期に出会った「平塚母親の会」は、平塚やその周辺の女性たちのさまざまな動きや思いを掘り起こし、まさに多チャンネルで生きた情報を提供してくれる〝広場〟でした。

私はこの会との関わりをどんどん深め、自分たちで学ぶべきテーマを決め、チューター（講師）を探ってくるなど、学習会に積極的に参加するようになりました。

「平塚母親の会」で活動する一方、ハイキングなどで家族との時間を大切にした筆者（右）＝1981年

そして、これまでは敷かれたレールの上を走り、ある種の義務感で勉強してきた自分に気づいたのです。

何を学びたいかを自ら決めると、学べば学ぶほど、さらに学びたいことが出てくる。それまで生協一辺倒だった私の情報網と人脈はここから大きく広がり、後に市議選に挑戦するきっかけも、この「平塚母親の会」にありました。

平塚で核兵器廃絶平和都市宣言

「平塚母親の会」に参加したのと相前後して、私は平塚市の社会環境浄化委員になりました。現在は青少年指導員に統合されていますが、かつては自治会（町内会）から推薦された者が委員となり、地域ぐるみで有害図書や映画の追放、薬物の乱用防止を推進する活動を担っていました。

シンナー部会に属した私は、生協の組合員学習でも一役買った紙芝居作りを提案しました。シンナーによる健康被害や中毒性を分かりやすく訴えたこの紙芝居は、新聞で取り上げられて関心が広がり、一定の効果は得られたと思います。大学で学んだ化学の知識が思わぬ形で役立ちました。

同じ頃、医療生活協同組合（生協）の関係者から、「主婦は家族の健康には口うるさいが、当人は重篤化しないと診察を受けない傾向がある」と聞きました。そこで、家族の健康を守るにはまず主婦が健康になろう――。そんな思いから「主婦の健康を考える会」を立ち上げました。

長野県松川町で健康学習を展開し、大きな成果を上げていた松下拡さんを講師に招いた時は、250人入れる会場がいっぱいになりました。この会は後に「平塚健康を考える会」

と名を変え、料理教室やウォーキング、ストレッチなども取り入れ、男性も参加するようになりました。

一方、英国で始まった非核自治体運動が日本にも伝わり、神奈川県でも1984（昭和59）年に「非核宣言神奈川県民連絡協議会」が結成されました。

もうじっとしてはいられません。国連軍縮特別総会に出席し、母と子の原爆展の開催に関わり、広島や長崎の平和大会に参加してきた私が、ここで動くのが当然だと思ったのです。そこで「非核平和ひらつか市民の会」を立ち上げ、被爆者の会の古谷三千雄さんと私が事務局を務めました。

まず180人の賛同者を集めて署名集めに奔走しながら、議会に請願書を出すため、何人もの議員を訪ねましたが、誰も紹介議員になってくれません。それどころか「誰に言われてやっているのか」「どの団体が付いているんだ」「女が集まって何をやってるんだ」「この文章は誰が書いたんだ」と聞いてくるのです。

誰にやらされているわけでもなく、私たちが自ら考えて行動し、文章もみんなの知恵を寄せ合って最終的に私が書いたものです。

そんな当たり前のことが通用しない世界があることを初めて知りました。

平和都市宣言後も平和行進などの活動を継続した筆者（左から２人目）＝1990年５月、平塚市役所

それでも約23万人の市民のうち、４万１１６０人の署名を集め、改めてほぼ政党ごとに構成されている議会の会派に懇願して回り、何とか議会審議に持ち込んだものの、結論には至りませんでした。

すると、署名の重みを感じたのか、当時の石川京一市長が議会に「宣言文」として提案する形で採択され、85（昭和60）年12月20日、「核兵器廃絶平和都市宣言」が発表されました。現在は平塚市内の７カ所に「核兵器廃絶平和都市宣言」の看板が設置されています。

市議選への出馬を決意

平塚市が「核兵器廃絶平和都市宣言」をする原動力となった署名運動では、組織や個人の枠を超え、本当に多くの人が協力し合いました。

宣言が実現したことから、「平塚母親の会」では会員の意識がいっそう高まり、それまで以上に熱のこもった勉強会が続けられました。テーマは男女共同参画、家永教科書裁判、女性行政、戦前・戦後の教育など多岐にわたり、地方自治を取り上げたときは、平塚での選挙の現状をチェックしてみました。

本来は住民の自治組織である町内会の回覧板で、市議選立候補者の選挙手伝いの当番が割り当てられたり、〝村八分〟にされることを恐れて渋々手伝ったり、会社の命令で勤務時間中に戸別訪問をさせられたり…。公職選挙法の違反行為が、何の疑問ももたれないまま横行していたことが分かり、あ然としました。

これを機に、私たちは選挙そのものをクリーンにしないと、この土地に民主主義が根づくはずがない、と考えるようになっていきました。

平和都市宣言の請願書を市議会に出す際、紹介議員探しに苦労したばかりか、平塚の女は飯炊きと子育てさえしていればいい。他のことには口をだすな、と言わんばかりの議員の対応に、無力感や憤りを感じていたのも確かです。

すると1986（昭和61）年、母親の会の中野恵子さん（平塚市国際交流協会会員）、加藤幸子さん（平塚の自然を守る会事務局長）、女医でかながわ女性会議のメンバーだった今泉弘子さんが、当時女性がいなかった平塚市議会に女性議員を出したいと言いだしました。

「女性議員がいれば、生活者目線で平塚市政を変えられる。市の情報も把握できるし、市議会へ請願を出す際の紹介議員になってもらえる」

翌87（昭和62）年が統一地方選挙の年だったため、話が現実味を帯びる一方、今は時期尚早、力量不足、候補者は誰か、などなど、話し合いは行きつ戻りつしました。

そんな時、母親の会の2代目会長になった長坂紀子さんの「今度の選挙から始めたい」という発言が、一つの契機になったのです。

平塚市議選出馬を後押しした仲間と当選を喜ぶ。（左から）中野恵子さん、筆者、加藤幸子さん、長坂紀子さん＝1987年４月、平塚市内の選挙事務所

私も誰かを市議選の候補者として出したいと考えていましたが、中野さんと加藤さんは私を候補者に、という気持ちを固めたらしく、喫茶店に集まって3人で話し合いました。歯の治療中であることを理由に断りましたが、二人は納得しません。ちょうど生協の監事を退任し、下の子が高校生になり、子育ても一段落しています。

あれこれ悩んだ末に、私も腹をくくりました。

その日、帰宅して夫の宏祐《こうすけ》に状況を話すと、いつもは寡黙な夫が「どうせやることになる。今から家族会議をする」と宣言しました。

「お母さんがみんなに推されて、市議会議員に立候補することになった」

専門学校生になっていた娘は〝わかった〟という表情でしたが、高校生の息子は何も言いませんでした。年頃からして本当は嫌だったのだろうと思います。

全部「手作り」で選挙準備

私たちが自らの手で選挙をやろうと決め、私が平塚市議選への出馬を決意したのは1986（昭和61）年の暮れでした。真っ先に100円カンパとボランティアによる「クリーン選挙」を掲げました。

私の背中を強力に押したのは、横内団地以来の付き合いで、子ども2人が同級生同士で生活協同組合（生協）の委員もしていた原島悦子さん、同じく生協の委員だった田巻笙子さん、福島とみ子さん、栗山実子さん。彼女らが周囲に声を掛けるとすぐに生協の仲間や平塚母親の会、健康を考える会のメンバーなどが続々と支援を約束してくれたのです。

母親の会の代表だった堀井忍さんは、この年に横浜に引っ越していましたが、何度も平塚に足を運んで励まし続けてくれました。

平塚子ども劇場の活動を通じて知り合った真貝アヤさんが、すぐに事務所を借りてきました。平塚駅の北口の追分の交差点に近い、傾きかけた二階屋です。子ども劇場の青年部員が内装に手を入れ、すぐに事務所の体裁が整いました。

長坂紀子さんの美大に通う娘さんがシャッターに絵を描き、森本承子さんの指導で夫の宏祐《こうすけ》がペンキ塗りを手伝いました。そして茅ケ崎の先輩女性議員・西山正子さんの会の名に倣い、「大くら律子となかまの会」という看板を掲げたのです。

会の代表は加藤さん、原島さん、それから良き理解者だった高橋正さんに決まりました。

高橋さんはドイツ駐在歴があり、この年に旧ソ連で起きたチェルノブイリの原発事故などについて、母親の会で何度か講師（チューター）を務めてくださった方です。

この高橋さんの助言で「大くら律子となかまの会」は政治団体登録をしませんでした。それが結果的には良かったと思います。

事務所に出入りするボランティアはほとんどが女性で、男性はチラホラと数えるほど。それでも社会的経験の豊富な男性の存在は、すべてが初物ずくめの私たちにとって大きな助けになりました。

この時に借りた事務所は、選挙終了後も個人事務所として維持しました。その後、場所は何度か変わりましたがボランティアが常駐し、議会のことをみんなに報告する場、勉強する場として活用を続けたのです。

平塚市議選告示日の朝、自宅近くで第一声を上げた筆者（右）に続き、応援のあいさつをする夫の宏祐
＝1987年４月、平塚市田村

拠点ができてみると、驚くほど動きが加速し、皆で年賀はがきを持ち寄って年賀状を作成しました。「選挙に出ま

す」と書くと公職選挙法違反になるので、「大くら律子となかまの会」の発足をアピールするだけ。「大藏がまた何か始めるのか?」と関心を持ってもらうのが狙いでしたが、この時点で私と選挙を結び付けて考えた人は少なかったようです。

まず始めたのは、市議選になぜ人を送るのか、市議になったら何をやりたいのかなどを『なかま通信』として発行する作業です。それをより多くの市民に手渡す街頭活動や配布活動など、やるべきことはたくさんありました。

それからポスター制作。近年の選挙ではポスターは公費負担になっていますが、当時は全部自費でした。制作費を抑えるため、湘南新聞の小池さんに無報酬同然でカメラマンを紹介してもらい、撮影、デザインも自前でこなしました。

当面の目標は700人の賛同者。ある選挙通に、「選挙では賛同者が100人いれば4倍の票につながる」と教えられたため、当時の当確ラインの4分の1をひとつの目安に据えたのです。そして「投票して下さい」ではなく、「こういうことをやりたいので賛同して下さい」というお願いを繰り返しました。それでも2ヵ月で700人はとても無理だという思いがありました。

一方、私たちはクリーンな選挙を徹底するため、平塚市の選挙管理委員会から手引書を取り寄せて勉強を始めました。質問に行くと、その場で分からないことは県の選挙管理委員会に確認を取ってくれて、そのうち一緒に勉強会を持ち、私たちを励ましてくれるようにもなりました。

ゼロから始めた私たちの行動を真摯に見守ってくれる市職員が当時からいたことを、今も誇らしく思っています。

平塚市議に初当選

第11回統一地方選の平塚市議会議員選挙に、私は「立候補者」ではなく、平塚市で初めて「推薦候補者」として出馬しました。

「出たい人より出したい人」というみんなの思いの表れです。

そして告示日の１９８７（昭和62）年４月19日、私の誕生日に「市議会議員選挙」という新たな挑戦が始まりました。

出馬にあたっては仲間の働きかけによって、丹沢自然保護協会会長の中村芳男さん、作家で元参院議員の中山千夏さん、芥川賞作家の菊村到さん（父は戸川貞雄元平塚市長）、政治学者の砂川一郎さん（当時は東海大学教授）が推薦人になってくれました。

選挙事務所の運営、ポスター撮影、チラシ作り、選挙カーの運転、ウグイス、お弁当作りも全員がボランティア。「ウグイス」は男女とも素人っぽさ丸出して、それがかえって好評だったそうです。

選挙資金は100円カンパとバザーで集め、すべてに領収書を発行しました。口で言うのは簡単ですが、事細かに、かつ速やかに対応しなければならない現場は本当に大変だったと思います。忘れられないカンパ第1号は原島悦子さんの夫の哲夫さんからでした。

資金稼ぎの一環としてバザーは有効な手段です。場所を探して何度か催しました。たとえば田村地区では協力してくれた農家の野菜、バラや季節の花々などの園芸品、衣類や生活雑貨など地域の方々の提供品を販売しましたが、この時は娘の音楽仲間の演奏が人集めに一役買ってくれました。

一方で、環境問題を提案する観点から、事務所では残飯と苛性ソーダを原料として手作りせっけんをつくる「せっけんを使おう」運動を展開し、牛乳の紙パックの回収運動にも熱が入りました。

選挙運動の定番、平塚駅頭での朝立ちでは、「おはようございます。行ってらっしゃいませ」とにこやかに声を掛けました。

私は赤いスーツに白のタスキ、ボランティアは白いトレーナーにオレンジ色のネッカチーフ。2人がオレンジ色の軍手を広げると、「よろしく」の4文字が目に入るというパフォーマンスが、行き交う人の注目を引きました。

選挙では主に「台所の声を市政に／主婦感覚の大藏律子」「この世の中、男と女は半分こ／議会も半分こしませんか」と女性の政治参加を、「どこの党にも属さず無所属で通します」と非政党性を訴えました。

公園のゲートボール場など、人の集まっている所で選挙カーを停めるやいなや、駆け寄って話しかける。本来なら出会うはずのない人たちと会話ができることが嬉しくて、選挙は楽しいと思ったほどです。

そして私の出馬を知った鹿児島の小湊小学校時代の恩師・阿久根貢先生がわざわざ東京

平塚市議選で支持を訴える筆者
＝1987年4月、同市内の商店街

から駆けつけ、応援演説をしてくれた時は、思わず胸が熱くなりました。

事務所の隅には真貝アヤさんの心遣いで、私の仮眠スペースが設けられました。そして毎日交代で名乗り出てくれるボランティアの皆さんの、心のこもった手作りのお弁当で1週間の激しい選挙戦を戦い抜くことができたのです。

そして4月27日の開票日、私は２８３０票を頂き、当時の定数36人のうち16番目で初当選することができました。しかも、選挙前は女性ゼロだった平塚市議会に、３人の女性議員が一度に誕生したのです。

主婦たちが家事そっちのけで平塚市内を走り回った1週間、その間、不自由を甘受した夫や家族らも、「何かが変わらなければいけない」と思っていたのかもしれません。

選挙にかかったお金は70数万円でしたが、集まったお金は１００万円を超えていました。そこで残金でプリンターやコピー機を購入し、みんなが集まれる事務所をそのまま残すことにしたのです。

後にこの選挙戦を振り返った冊子に阿久根先生が寄せてくれた一文に、こんな短歌が添えてありました。

「金もなく地盤も組織もなき選挙に汝《なんじ》は勝ち抜けり善意に支えられ」

まさにその通りだと思いました。こうして私の議員活動が始まったのです。

1期目は慣れない行政用語に戸惑うことも多かったですが、消費税の導入反対を訴え、集めた署名簿を持参して、神奈川選挙区選出の千葉景子参院議員（当時）に陳情に行きました。

世界女性会議に参加

平塚市議会議員になって2期目の1991（平成3）年10月、かながわ女性会議の一員として訪米し、ニューヨークやワシントンで複数の女性団体と交流しました。

85（昭和60）年に「男女雇用機会均等法」の前身の法改正（85年法）が行われ、労働基準法上の女性労働者に関する時間外・休日・深夜労働についての制限が縮小される一方、産後の休業期間の延長など、保護の強化が行われていた時期です。

団長はかながわ女性会議の会長で、弁護士の横溝正子さん（後の日本女性法律家協会会長）でした。

その後、県と友好提携を結んでいるメリーランド州を訪問しました。どちらも首都に隣接する自治体という共通項があり、友好提携10周年の記念行事で、私たちは州都のアナポリス、最大都市のボルティモアを訪ねました。

アナポリスの議事堂は初代大統領のワシントンが国会を開いた所で、就任式の様子が壁面に大きく描かれています。有名な海軍兵学校は公園の隣の緑豊かな丘にあり、議事堂と教会より高い建物を造らないというコンセプトで街の景観が保全されてきました。そこにワシントンでもニューヨークでもないという住民の誇りが垣間見えます。

海岸線とサンセットの眺望が素晴らしいボルティモアも、米国で最初に鉄道が引かれた古い街ですが、ちょうど米国一といわれる新しい野球場のオープンを控え、街中がお祭り騒ぎのように沸いていました。

メリーランド州でも女性団体や大学の女性教授たちと、若者への政治教育、選挙や政治への直接参加のあり方について意見を交換しました。

米国では高校や大学の政治教育に市民団体が関わり、子どもの自立は日本より早い傾向がありますが、妊娠や出産に関わる女性問題では、日本と何ら変わらない現実がありました。

市議3期目の95（平成7）年9月、国連創設50周年に中国の首都北京で開かれた世界女性会議にも、かながわ女性会議のメンバーとして出席する機会を得ました。

１９０の国や地域、多数の国連・政府・専門機関、２０００を超えるＮＧＯ（非政府組織）が参加し、日本からも約６０００人が参加したそうです。

各国の女性によるさまざまなワークショップが開かれ、私はかながわ女性会議のワークショップで総合司会を務めました。鎌倉の東慶寺を例に、駆け込み寺から現代のシェルターまで、女性を暴力から守る社会システムをテーマとして神奈川の状況を報告し、各国の参加者と意見を交換しました。

その会場で４年前の訪米で交流した人たちの何人かと再会することができ、とても有意義なワークショップだったと改めて思い返しています。

80年代以降、男女平等の原則は確認され、法制的、形式的な性差別はなくなりましたが、政策決定への女性参画は、今もなお遅

世界女性会議に参加し、かながわ女性会議のワークショップで総合司会を務める筆者
＝1995年９月、中国・北京

れたままです。政治の場に足を踏み入れた一人として、女性が積極的に参加して実効性のある対策を推進できていない現状に、少しもどかしさを感じています。

1人会派で孤軍奮闘

平塚市で初めてカンパとボランティアによる選挙を展開した私たちは初当選を勝ち取り、私は1987（昭和62）年4月から平塚の市議会議員として活動を始めました。

まず、選挙の母体となった「大くら律子となかまの会」の事務所を、議員報酬を使って常設化しました。

午前10時から午後3時まで、主婦を中心としたボランティアが交代で詰めていましたが、その頃、地方議員が常設の事務所を構えるケースはとても珍しかったと思います。

市議会議員として知り得た情報はすべて模造紙に大書し、事務所の壁に張り出しました。そこに、なかまの会だけでなく、反核平和や自然保護、健康問題などに取り組む地域のグループや団体のメンバーが入れ代わり立ち代わり訪れ、政治を自分たちの視点で捉えながら、それまで以上にテーマ性に富んだ、内容の濃い勉強会を重ねました。

その一方、毎月1日には早朝から、平塚市の行政や議会で取り組んでいることを大書した模造紙を掲げて平塚駅頭に立ちました。動く市政の広告塔として、市政を身近に感じてもらいたいと考えたからです。ベッドタウン化が進む平塚から、混雑する電車で職場へ向かう市民にとっては、出勤途上の慌ただしくも貴重なひとときです。目を止める人がどのくらいいたかはわかりませんが、マイクで声高に語ることはあえて避け、紙に書いて掲げるという形で続けました。

「大くら律子となかまの会」の事務所。いつも多くの仲間が集まっていた。前列右から３人目が筆者＝1987年ごろ、平塚市内

また、ミニ集会やイベントを通じて、一人でも多くの仲間が楽しく政治に参加できる雰囲気をつくるように努めました。

そうした市民運動ならばお手のものですが、独特な議会用語や堅苦しい行政用語が飛び交う議会では、慣れるまで少し時間が必要でした。

分からないことは市の職員などに片っ端から質問して回ったので、風変わりな議員が出てきたなと思われたかもしれません。それがかえって新鮮だったのか、いろいろなことを丁寧に教えてもらいました。

そして最初の予算審議となった88（昭和63）年3月の市議会本会議で、私は当初予算に反対しました。

「湘南丘陵」の開発に先立って、自然を残すための調査が必要であることや、施政方針に盛り込まれた「男女共同参画社会の実現」に向けた予算的裏付けがなされていないことなどが主な理由でした。

湘南丘陵の開発とは、市の総合計画で打ち出された「平塚ばらの丘ハイテクパーク構想」のことで、研究開発機能を集積し、複合的なハイテクパークを形成する壮大なプロジェクトでした。

結局、予算案に反対したのは共産党と私だけで、平塚市議会の政治風土を肌で感じました。

一匹おおかみのような1人会派でも、「何でも反対する」というレッテルは貼られたくありません。最後まで迷ったものの、一市民の感覚で「おかしい」と思ったことは言わなければいけない、という気持ちで孤軍奮闘したのです。

議会が終わると市内13地区で報告会を開きました。すると、参加者の間から「大蔵さんが分かっているだけではダメだよね」という声が上がり、議会の傍聴に出かける人や予算書に興味を持つ人が徐々に増えていきました。市民の政治に対する目線が少しずつ変わり始めたのです。

議会では会派の人数によって本会議での質問時間が割り振られるため、一人会派である私の質問時間はごくわずかでしたが、実際に審議する常任委員会にも必ず誰かが出席して、情報を持ち帰るようになったのです。

欧州視察と沖縄会議

1992（平成4）年8月、私は平塚市議会から派遣されて欧州5カ国を15日間にわたって視察しました。総勢15人の視察団は複数の自治体の行政職員と議員の混成で、神奈川からは平塚市議3人、相模原市議1人と横浜市職員1人の計5人が参加しました。情報化、国際化が進む中、海外の施策に学ぶことが目的です。

最初に向かった英国のロンドンでは人種平等、人権に対する考え方の変遷と到達状況について、デンマークのコペンハーゲンでは、自治体予算に占める福祉の重みや社会福祉のあゆみについて視察し、説明を受けました。

東西ドイツが統一されて2年足らずのミュンヘンでは、都市計画における市民のための市民参加によるまちづくりを、スイスのモンブランでは山岳リゾートのまちづくりや観光・自然資源を保全する取り組みを視察しました。

最終地のフランス・パリでは高齢者福祉施設を訪ね、管理・運営や利用状況、設備やサービスの内容について説明を受けました。

限りある滞在時間で、5カ国のほんの一部を垣間見たにすぎませんが、こうした旅では公式の訪問先に加え、駆け回った街並みや光景から得たものも多かったと感じました。

ウインザー城やノイシュバンシュタイン城、大英博物館、ルーブル美術館、レマン湖遊覧、セーヌ川下りなどの観光もセットされ、欧州文化の一端にも触れることができました。

日本から持ち込んだカップラーメンの昼食を済ませた夜に、バービカンセンターで優雅にオペラを鑑賞したり、肌寒かったコペンハーゲンから、気温30度を超す猛暑のミュンヘンに放り出されて汗だくになったり、旅には思いがけない出来事がつきものです。

忘れられないのはコペンハーゲンのチボリ公園の遊戯施設で「空飛ぶじゅうたん」に乗せられたこと。お気に入りのイヤリングを片方どこかに飛ばした上に、あばら骨をしたたか打ってしまい、帰国後も咳をしても痛さが残るほどでした。

こうした視察は往々にして物見遊山と見られがちですが、異なる文化の中へ飛び込み、異なる生活環境や考え方に直接触れなければ、わからないことはたくさんあります。見たこと、聞いたこと、感じたこと、それらをいかにして自分のものとし、議員活動に生かせるかが問われているのだと思いますが、私にとっては人権問題、環境問題、デンマークやフランスの福祉政策などの分野で、特に得るところが大きかったと感じました。

佐川急便事件で竹下登元首相の議員辞職を求める
サイクリングキャラバンに参加＝1989年

一連の視察結果を「ヨーロッパ視察報告」としてまとめている最中、汚職事件の「東京佐川急便事件」で世間が騒がしくなり、静岡県から東京の首相官邸まで、竹下登元首相の議員辞職を求めるサイクリングキャラバンに参加しました。

最終日には東京都内の竹下邸まで出かけましたが、周辺通路には大勢の警察官が投入されていました。各地から集まった市民連は固い警備に阻まれ、遠巻きにすることしかできず、託された主張文を読み上げる声が次々と上がりました。

内閣支持率を落としながらも消費税導入を貫徹した竹下内閣が汚職疑惑に端を発する政治不信により、総辞職に追い込まれてから3年後のことでした。

全国革新議員会議の会員として95（平成5）年1月、「沖縄は戦後50年の原点」という立場から、「全国革新議員会議 in 沖縄」の開催を取り仕切ることになりました。沖縄で開かれた会議には全国各地から50人を超える地方自治体の議員が集まり、照屋秀傳さん（沖縄反戦地主協会会長）をはじめ、親泊康晴那覇市長、糸数慶子沖縄県議、高野鈴代那覇市議

「全国革新議員会議 in 沖縄」を主催する筆者（左から2人目）＝1995年1月、沖縄県内

(役職はいずれも当時)らを招き、一坪反戦地主の活動や沖縄の現状について伺うとともに、今後に向けた意見交換を行うことができました。

私たちは悲惨な戦争の実態を伝えるガマ(自然洞窟)やひめゆり隊最後の地下壕跡、沖縄戦最大かつ最終の激戦地である摩文仁の丘、安保の見える丘などを訪ね、憲法9条を役場の入口に大書していた読谷村《よみたんそん》の山内徳信村長に面会しました。

安保の見える丘は、極東最大規模といわれる嘉手納空軍基地を一望できる、日米安保条約の象徴的な場所です。今は隣接する場所にできた「道の駅かでな」の屋上展望場からも嘉手納基地を間近に見られます。2013(平成25)年7月、私は夫と友人夫婦との沖縄旅行でここからオスプレイの発着を眺めました。

その嘉手納の西側に位置し、東シナ海に面する読谷村は琉球王国の遺跡も多く、現在では日本一人口の多い「村」として知られていますが、村内の3割を米軍基地が占めています。1974年から6期村長を務めた山内さんと歓談しているうちに私が鹿児島出身とわかり、「そうですか。大蔵さんは島津でしたか…」と苦笑されてしまいました。沖縄には太平洋戦争以前、薩摩の島津氏による侵攻の歴史があるからですが、読谷村の西側に広がる東シナ海が、私の故郷にもつながっていることに感慨を覚えました。

読谷村では戦後50年の節目のこの年、憲法9条を刻んだ碑「萌芽」を、村役場前に建立したそうです。私たちはその後も沖縄県庁では副知事に面会するなど、ハードなスケジュールで行動しました。

「沖縄を忘れない」。その思いをいっそう強くして平塚に戻りましたが、同年9月、沖縄で米兵による少女暴行事件が起き、沖縄は再び深い悲しみに包まれました。繰り返される暴挙に対し、横浜で開かれた県民集会で強い抗議の声を上げるとともに、議会で米軍への抗議文を採択するために奔走しました。

地域環境改善に注力

パーム油を採るアブラヤシ農園開発の実態を知るため、１９９４（平成６）年８月、マレーシアを訪れました。

全国の自治体職員や環境保護団体メンバーなどから参加者を募った企画で、平塚からは私と「平塚の自然を守る会」の加藤幸子さんが、もちろん自費で参加しました。

パーム油は熟した果実の中果皮と種の両方から得られ、食用だけでなくせっけんの材料にもなり、マレーシアはインドネシアと並ぶ世界の二大産地です。

その中心はボルネオ島北部のサバ州で、70年代ごろから森林の伐採が進み、ほとんどがアブラヤシ農園に転換されていきました。

私たちが州都コタキナバルに着いたのは、緑豊かな森林が日ごとに失われていく、まさにそんな時期でした。多彩な伝統的農産物が駆逐され、固有の野生生物の生態系にも影響が及んでいるという話でした。

しかし、アブラヤシ・パーム油産業の隆盛は、政府の振興政策の結果であり、残された森林がアブラヤシ農園に姿を変えるのは時間の問題と思われました。

私たちは日本がパーム油の輸入大国であることに責任の一端を感じつつ、失われた森林を取り戻す難しさを痛感しました。その後、サバ州にあるマレーシアの最高峰キナバル山（4095メートル）を含むキナ

マレーシアのキナバル自然公園でトレッキングを楽しむ。背後にそびえるのがマレーシア最高峰のキナバル山＝1994年8月

バル自然公園が、２０００年に世界自然遺産に指定されたと聞いて、ちょっとホッとしたものです。

ドライバー兼ガイドの青年の案内で、原生林の合間に設置された高くて細いつり橋のような空中通路を歩くキャノピーウォークにも挑戦しました。高さはビルの10階に相当する約40メートル。熱帯樹林の姿を高所から眺め、鳥の気分になれたのでした。

コタキナバルに次ぐ第2の商業都市サンダカンにも泊まりました。日本から売られてきた女性たち、いわゆる「からゆきさん」の悲劇を伝える日本人墓地がある町です。ここでは中華料理の高級食材である「ツバメの巣」を捕獲する巨大な洞窟を訪ねました。薄暗い大きな洞窟で、上側はツバメの出入りする隙間が空いていましたが、ツバメの糞が積もった洞窟内は異常な臭気に包まれていました。

巣を集める作業員は洞窟近くの寮のような宿舎で暮らす、出稼ぎの季節労働者らしく、私たちが見学を終えるのを遠巻きに待っていました。

日本の公害対策は１９８０年代に入ると一段落し、次の課題として環境問題が浮上しました。93（平成5）年には「公害基本法」の後継にあたる「環境基本法」が施行され、97年には「京都議定書」が採択されています。

翻って自分の足元を見てみると、建設残土の不法投棄があちこちで起きていました。残土処分場を造成するため、許可を得て森林を伐採するのはまだましで、山林に勝手に投棄したり、残土処分場に産業廃棄物を持ち込んだり、目に余る行為が相次ぎました。悪質な業者に言葉巧みに誘われた地主が、苦悩の末に自殺したケースもあり、コミュニティーの維持にも影響を及ぼすようになっていました。

私たちはまず98（平成元）年7月に、平塚市で「埋立等の規制に関する条例」を成立させました。その間、課題ごとにプロジェクトチームをつくって活動していた「かながわ市民派議員会議」として、副知事に残土処理の適正化を求めて交渉しました。そして99（平成11）年3月、「神奈川県土砂の適正処理に関する条例」が制定されたのです。

一方、ばらの丘ハイテクパークの道路建設予定地に近い平塚市土屋でオオタカの営巣木が見つかったため、再調査や保護方針の策定を市や県、国に要請しました。

神奈川大学湘南ひらつかキャンパスや、県農業技術センターを誘致したものの、当初計画が頓挫したのは、バブル崩壊などの経済面のみならず、自然を無視した拙速な計画の甘さが露呈した一例だと思います。

神奈川大学は２０１７（平成29）年、平塚丘陵にあるキャンパスを閉鎖し、横浜の「みなとみらい」に移転すると発表しました。

第三章

私の原点
～父に学んだ３つの自由

皆で力合わせ生きる

「あなたはどうして政治家になったのですか」

これは私が平塚市議や市長を務めた間、何度も繰り返し問われた質問です。

私は最初から政治家を目指していたわけではなく、消費者活動や生協活動を通じ、社会との関わりを深めていきました。

その中で市議会議員に推薦候補者を出そうという動きが起き、結局私が引き受けることになったのです。つまり、社会参加の一つの形が、たまたま「市議会議員」だったのです。では、その社会参加の原点は何だったのか－。それは1950（昭和25）年、私が小学校5年生になった時の担任、阿久根貢先生との出会いにさかのぼります。

私の生まれ故郷は鹿児島県の南薩摩半島で、東シナ海に面した川辺郡万世町小湊（現南さつま市）。その名が示す通り、半農半漁の小さな町でした。

阿久根先生はいつも、「クラスは全員の力が寄せ集まってできている」「どの一人が欠けてもこの教室は成り立たない」と口癖のように話していました。

そして、「床を磨くのがうまい」「黒板を消すのがうまい」「壁に紙を貼る手順が良い」など、わずかな長所を見つけて、一人一人をちゃんと褒めるのです。

クラスの中には学力差もありましたが、いつの間にか、分かる子が分からない子に教える自主学習のような形が当たり前になっていきました。

また、黒板の上には「心に太陽を持て…」「唇に歌を持て…」など、それぞれ7、8行からなる詩文を大書きした紙を貼り、それをみんなで朗読したり、節をつけて歌ったりしました。

こうしてクラスの一体感が育まれ、ともに成長できたことが、私にはかけがえのない体験となりました。そして「世の中はみんなが力を合わせることで成り立っている」という、私が考える社会参加の土壌になったように思います。

残念ながら阿久根先生はその年限りで東京へ転任してしまいましたが、6年生になると、阿久根先生の教えが生きるような出来事がありました。

学級委員だった私は担任から、二人のクラスメートが経済的な理由で、鹿児島市への修学旅行に行けないと知らされたのです。

着ていく服がないという一人は小柄だったので、私の妹の服を貸して解決しましたが、もう一人は旅行費用が払えない状況でした。そこで私は学級会で潮干狩りを提案しました。小さな村は吹上浜という白砂青松が美しい、遠浅の海岸に面していたからです。学校から

小湊小学校４年生の３月。後列左端が５年生の担任になる阿久根貢先生、前から２列目・左から４人目が筆者＝1950年、鹿児島県

海岸線までは、歩いて7、8分の距離でした。そこで、貝を採る子と売り歩く子に分かれ、天気の良い日の放課後に潮干狩りを続けました。

一升いくらの丼勘定でも、修学旅行の費用を賄うには十分。阿久根先生に「どの一人が欠けても成り立たない」と言われたことを忘れずに、全員で助け合い、51（昭和26）年秋、そろって修学旅行先の鹿児島市へ向かうことができました。この出来事も、その後の社会参加や活動につながっている気がします。

しかも「わが人生」の連載がきっかけとなり、逗子市に住む阿久根先生の息子さんが平塚市美術館の講演会に参加され、私にこう声をかけてくれたのです。

「連載を読ませていただきました。父のことをこれほど慕って下さり、家族で感激しました」

今は亡き恩師の息子さんに阿久根先生の面影を感じながら、思いがけない初対面を互いに喜び合いました。

愛すべき故郷の夕日

私の旧姓は中釜《なかがま》といいます。鹿児島の万世町で父侃《すなお》、母ユワヱの次女として生まれたのは１９３９（昭和14）年４月19日。物心ついた頃は太平洋戦争の真っ最中で、父方の祖母と両親、兄２人と姉１人、そして私と妹の８人家族でした。

長兄と13歳、姉と10歳、次兄と７歳離れていたのは、父が兵役で海南島に行っていた時期があり、次兄と私の間の三男が早世したからです。

長兄の清光は45（昭和20）年、終戦の年に海軍兵学校を卒業しました。そのお祝いのため、親戚や近所の人たちが集まっている所へ、兄が制服・制帽に短刀を付けた姿で帰ってきました。６歳だった私には、そんな兄がりりしく立派に思えたものでした。

同じ年の春から夏にかけて、多くの航空基地があった鹿児島県内は、連日、執拗《しつよう》な空襲に見舞われていました。

故郷の万世町小湊の海を背に立つ（左から）筆者、妹の節子、次兄の安夫＝1957年、鹿児島県

わが家でも、庭の大きな栴檀《せんだん》の木の傍らに、数軒分の家族が入れる大きな防空壕《ごう》が作られました。

あまり知られていませんが、特攻基地として知られた知覧から西へ約15キロの万世にも飛行場があったため、頻繁にＢ29が飛来したのかもしれません。それが本土防衛、沖縄決戦に備えて造られた陸軍最後の特攻基地だったと知ったのは、ずっと後のことでした。

そのうち、昼も夜もなく空襲警報が鳴るようになりました。怖がりの私は祖母と一緒にすぐに防空壕に避難していましたが、ある日、近所の人たちが次々と駆け込んで来たのに、双子を産んだばかりの若いお母さんがなかなか来ません。幸い無事でしたが、この時、近くの家の玄関や廊下が焼夷《しょうい》弾に焼かれました。

一番怖い思いをしたのは従姉妹の子守に駆り出され、峠の向こうの畑でお昼を食べていた時、ごう音を響かせながらB29の編隊が迫って来た瞬間です。慌ててやぶの中に逃げ込み、一刻も早く家族に会いたいと震えていました。

それ以来飛行機の音を聞くと、自分に向かって飛んで来るような気がして、足がすくんでしまいます。万世の飛行場に帰って来る味方と敵機の違いが分かるはずもなく、この時のことは今でも夢でみるほどです。

2人乗りの米軍機が万世飛行場の近くの浜辺に墜落したという知らせを聞き、大人たちは手をたたいて喜んでいました。好奇心にかられた私が飛行場に向かって歩いて行くと、確かに機体の残骸が取り残されていました。

8月15日の終戦の日に私は6歳。玉音放送の覚えもなく、戦争が終わったという実感もありませんでした。

戦争で怖い思いはたくさんしましたが、B29に追われた峠道の恐怖はいつしか、畑仕事を終えた母と一緒に唱歌を歌いながら、夕日を浴びて家路を歩いた思い出へと置き換わっていきました。

畑から峠道を登ってゆくと、白砂青松の海岸線にゆっくりと沈む美しい夕日が目に飛び込んでくる。そんな見事な故郷・鹿児島のサンセットを眺めて育った私は、今でも夕日と夕焼け空が大好きです。そして、なぜだかドボルザークの『新世界』を聴くと、ふるさとのあの頃の情景がはっきりと思い浮かぶのです。

大人社会を垣間見る

終戦翌年の1946年4月、私は鹿児島の万世町立（現南さつま市立）小湊小学校に入学しました。近所の先輩たちから譲り受けた教科書は、あちこち黒く塗りつぶされていました。私たちが使った教科書は週単位くらいで渡されるガリ版（謄写版）刷りの紙を、それぞれがとじ合わせて冊子に仕立てたものでした。

3年生になった時、日本各地でＰＴＡ活動が始まりました。ＰＴＡの原形は19世紀末に米国で始まったボランティア活動で、「全米母親会議」が母体となっているそうです。

一方、日本では連合国軍総司令部（ＧＨＱ）の要請で、米国から派遣された教育使節団が作成した報告書に、ＰＴＡの理念が示されたことが発端となったようです。

日本が再び侵略戦争を起こすことがないよう、占領軍主導の民主主義教育を推進するに当たり、「父母と先生の会」「親と教師の会」などと呼ばれるＰＴＡが、一定の役割を果たすことが期待されたのです。

ＰＴＡの設置は、親が教育に関与する道を開くきっかけにもなるのですが、終戦からまだ日が浅く、人々は生きるのに精いっぱい。日本列島の最南端の小さな町で、私の父侃《すなお》はＰＴＡ活動に関心を示す数少ない一人でした。

しかし、農繁期で猫の手も借りたい時期に、ＰＴＡについて話し合おうと呼び掛けても、親たちがそろうわけがありません。

どうしてそんなことをしたのか覚えていませんが、私はＰＴＡの役員を選ぶための投票用紙を持ち、48人のクラスのうち、同じ地区の十数軒を回って投票をお願いしました。

担任の窪田カオ先生の心情を感じ取ってか、子ども心に漠然とＰＴＡの必要性を感じたのかもしれません。ところが行く先々で「みんな誰に入れたかね」「どうしてこんなことをするのかね」などと聞かれます。

最初はしどろもどろでしたが、何軒か回るうち、「ああ、そうかね」「そりゃいいことだね」と言ってくれるようになりました。

「これからの学校や教育をどんなものにするのか、子どもに直接関わる親と先生が一緒に考えていく場が必要です」

小・中学校ほぼ同じ顔ぶれで育った幼なじみたち。後列右端が筆者＝1950年代半ば、鹿児島・万世町

おそらく、そのような意味のことを、子どもなりの言葉で一生懸命に説明したのだと思います。私が子どもの世界を離れて、一回り大きな社会に参加した最初が、このＰＴＡの役員を選ぶ投票のお願いだったと思います。

父は後にＰＴＡの会長を務めましたが、そういえばやはりこの年、公選制の教育委員会制度が作られ、父が立候補したことも覚えています。

その後、教育委員会は首長による任命制になりましたが、かつての公選制は私にはとても印象に残るもので、後年、東京都中野区が２万人の署名を集め、教育委員の準公選制度を実現したことを知りました。

そこで平塚市議になった時、平塚市でも同じような準公選制度を実現できないか、東京都中野区の仕組みを知りたくて「準公選を進める会」に入会したのでした。

この頃から教育委員会の活性化を求める議会質問を繰り返す一方、教育委員会議の傍聴を市民に呼びかけた結果、会議そのものを地区公民館などで開く「移動教育委員会」として開催されるようになりました。私はこの取り組みが広く全国に広がることを願い、「準公選を進める会」の大会で報告発表をさせていただきました。

前平塚市長　故郷小湊を愛した父

私の生家の中釜《なかがま》家は、祖父の代までは鹿児島・万世町の小湊漁港に何軒かあった網元の一つでした。

そのため私たち3人姉妹は、「あんや（網屋）の娘」と呼ばれて育ち、大漁旗を掲げた船が港に戻ると、昔なじみの漁師さんが魚を届けてくれることがよくありました。

1901（明治34）年生まれの父侃《すなお》は、漁業からは手を引いて農業一筋。戦後しばらくは農地改革や土地改良に熱心に取り組んでいました。持ち主が戦前に県外や海外に移ったままの不在地主も多く、いろいろと苦労したようです。

父はそうした経験を生かし、農協の理事や万世町の町会議員を務めました。父の選挙の時、あまり字が書けなかった祖母は、一生懸命父の名前「中釜侃」を書く練習をしていました。

父は上級学校には行っていませんが、向学心は人一倍強かったようです。早稲田大学の講義録を取り寄せて目を通すなど、知識欲も旺盛で、裁判所の依頼を受けて調停委員をこなし、出郷者に向けた「小湊便り」の制作も始めました。

前にも書いたように、父はＰＴＡの創設にも、ＰＴＡ活動にも前向きで、田舎で育った人にしては、かなり進歩的な考え方を持っていました。それは、その後の私の生き方にも大きな影響を与えています。

父は若い頃、青年団活動で県内外を飛びまわっていたと、叔父（母の弟）が話してくれました。また、消防団活動にも熱心で、戦後は民生委員を引き受け、海外からの引き揚げ者の相談にも乗っていました。そうした功績が認められ、晩年、消防団活動における功労

小湊の生家の前で。左から筆者、姉いく、父侃、妹節子
＝1975年、鹿児島・万世町

で叙勲を受けています。

父の主な仕事は農業でしたが、いろいろな会合で外へ出る機会が次第に増えていきました。

すると会合を終えた後、まだ飲み足りなさそうな連中を家に引き連れてくるようになりました。消防団員や農協の仲間、学校の先生など、顔ぶれも年齢もさまざまです。周辺には遅くまでやっている飲食店もなく、公民館などが消灯時間を過ぎると自宅に連れてきていたのでしょう。正月や行事の後など、人数が多い時は、部屋のふすまを外して招き入れていました。

突然の来客を迎え、酒やさかなの支度をする母はてんてこ舞いで、私もよく手伝わされました。ついつい座が盛り上がり、勉強中だった次兄の安夫が「うるさい」と怒ったこともありました。

もっとも父はその頃にはスヤスヤと高いびき。お酒が入るとさっさと先に寝てしまうのが常でした。

長男だった父は後継ぎとしての責任感もあり、故郷にとどまって地域のために尽くしました。父の弟の精造は父の働きで師範学校を卒業して教師になり、私たち5人の子どもはいずれも故郷を出ていきました。そのため、母を先に失った晩年の父は1人暮らし。でもそれは父の望むところだったかもしれません。男女を問わず「井の中の蛙《かわず》ではいけない」というのが、子育てにおける父の信念の一つだったからです。

優しく働き者の母親

母のユワヱは父の侃《すなお》より2歳年下の1903（明治36）年生まれ。父と同じく鹿児島の万世町小湊に生まれたいとこ同士ですが、地元では美人の誉れ高く、父には自慢の妻だったと思います。

福岡市の資産家の家に奉公に出て、料理や裁縫などを習ったらしく、当時としてはハイカラなオムライスを作るのが得意でした。

わが家の畑は住宅地を抜け、峠を越えた山間部にありました。そのため、私が幼い頃は夫婦で農作業に出かけ、祖母が私や妹の世話をしてくれていました。そのうち、父は外での仕事が増え、畑仕事は母が一手に引き受けるようになりました。

いつも土まみれで働いていた母が、見違えるような着物姿で授業参観の教室に姿を現した時は、娘ながらに鼻高々。畑に出られない雨の日に、白いかっぽう着姿で井戸端のタライにかがみ込み、洗濯板で洗い物をする姿さえもきれいだと感じたものです。

母は美人の上に、働き者としても有名でした。特に兄たちが旧制の鹿児島県立川辺中学校（現県立川辺高校）に通っていた間は、毎日午前3時に起きて、弁当を作っていました。川辺中のある川辺町（現南九州市）までは、薩摩万世駅から南薩鉄道で加世田駅に出て、鹿児島交通知覧線で薩摩川辺まで乗り継がなければならず、通学に約2時間かかるため、弁当作りもまだ夜が明けないうちの早起きが必要でした。

弁当を作って送り出した後に家族の朝食を整え、昼は畑仕事。夜も遅くまで繕い物をしていて、いったいいつ寝ているのか不思議なほどでした。

母は誰にでも優しくて、怒ったところを見たことがありません。それに子どもの良いところを伸ばそうという思いからか、他人に自慢し、褒めるのです。たとえば私が卒業式で式辞を述べた時は、「うちの娘はどこに出してもきちんとやっていける」と、堂々と言っていました。

それを聞くと、「ちゃんとしなければいけない」と思ったものです。

また、私たち6年生が年末、「火の用心」を唱えて地域を巡回するためにわが家に集まるのですが、時間になるまでは漢字の書き取りをさせてくれ、6、7人の参加者を「よくやっ

生家に帰省した筆者（右）と母ユワヱ
＝1964年ごろ、鹿児島・万世町小湊

たね」と褒めてくれていました。

今のように便利な家電製品がない当時、家事は大変な仕事だったはず。しかも長兄から妹まで16歳の年齢差があったので、子育ても長い期間にわたり、さぞ苦労したと思います。

それに加えて、戦後はかつての奉公先の家族が福岡から泊まり込みで買い出しに来たり、母の弟たちが台湾から引き揚げてきたり、母の心労は増える一方でした。

やはり台湾に行っていた母の妹も夫が戦死したため、2人の男の子を連れて戻ってきましたが、そうした人たちの世話にも、母は手間を惜しみませんでした。

母は料理も上手でした。中でも鶏肉を骨付きのままぶつ切りにして、根菜やこんにゃくなどと一緒にみそで煮込んだものは絶品です。私はその煮汁と鶏肉を、ご飯にかけて食べるのが大好きでした。

たっぷりの野菜炒めを入れた煮汁でそばを煮込んだ煮込みそばは、食べると体が芯から温まり、父の大好物でした。もしかしたら母のオリジナル料理だったのかもしれません。

実り多い小5の体験

前に書いた通り、小湊小学校5年生の時の担任、阿久根貢先生には大切なことをいくつも教わりました。

中でも阿久根先生の指導で行われた研究授業が印象に残っています。

私たちは「町を知ろう」というテーマで、まず通学範囲を調べてから、自分たちが暮らす万世町の将来像について考えることになりました。

通学範囲の広さを知るために使ったのは、1メートルに切った竹の棒で、各自が家から学校までの距離を測ってみました。わが家からは約900メートル。つまり竹の棒を900回、倒したり起こしたりを繰り返したのです。

それから町役場で町の産業を調べ、小湊港はこのままでいいのかというテーマで話し合いました。

私たちの班では灯台を造って桟橋を築き、大型の発動機船が停泊できる水深のある港を造りたいと結論し、絵に描いて説明しました。同じように各班が発表したところ、川辺郡内から集まった参観教師らから高く評価されたそうです。

何年かして、吹上浜の南端に二つの長い堤防と、水深のある港ができていました。私たちがかつて描いた絵と似ているようで、何だかうれしくなりました。

現在の鹿児島県の西半分はかつての薩摩国で、鎌倉時代から島津氏が治めていました。15世紀末、島津氏の分家である伊作島津家（現日置市）に生まれながら、島津宗家に請われて薩摩・大隅・日向統一を成し遂げ、島津家中興の祖と慕われたのが日新公《じっしん》こと島津忠良です。晩年、生まれ故郷に近い加世田に隠居した日新公が創作したと伝わる「日新公いろは歌」も阿久根先生から教わりました。たとえばこんな内容で、今も何首かを諳《そら》んじています。

「いにしへの道を聞いても唱へてもわが行ひにせずばかひなし」

後日、阿久根先生は希望者を、日新公を祭る竹田神社に連れていってくれました。深い緑の中にたたずむ社殿の荘厳さと、いろは歌を刻んだ47の歌碑が、イヌマキやクスノキの大木の並木道の両側にずらりと並んだ「いにしへの道」の光景が今も忘れられません。

そして、夏の暑い日は学校近くの国有林の松林で涼み、そこで拾った松の実を校庭で干し、売った代金を児童会の運営費に充てました。

当時、私はそろばんを習っていましたが、阿久根先生の計らいで中学生の珠算大会に参加し、好成績を収めたこともありました。

同じ年の夏休み、鹿児島市近郊の中学校の校長として赴任していた親戚の上釜直三さんの家に滞在し、桜島を望む丘の上にある西郷隆盛の墓（南州墓地）や、木曽川の治水工事で知られる平田靫負《ゆきえ》とその工事の犠牲になった薩摩藩士（薩摩義士）たちの記念碑や墓を訪ねました。

江戸幕府の過酷な条件の下、薩摩藩家老として「お手伝い普請」の宝暦治水工事を仕切った平田は、工事が完了した後、大牧村（岐阜県養老町）で亡くなりました。難工事だった

小湊小学校の卒業式の後、友人たちと。後列右から２人目が筆者＝1952年３月、鹿児島・万世町小湊

とはいえ、多数の死者を出してしまったこと、工事費が膨らんだことなどに責任を感じての自害だったと伝わります。西郷さんに劣らず鹿児島ではよく知られた人物なので、とても感動しました。

日本初上映のオールカラー洋画『赤い靴』を見たり、串木野の温泉に連れていってもらったり、地元の中学2年生のグループに同行してNHK鹿児島放送局を見学したり、中学校の絵画の先生の指導で水彩画を描いたり。すると、この水彩画が展覧会で入賞するというおまけまで付きました。

鹿児島市内の教会の前を通りかかり、仏式しか知らない私は葬儀で賛美歌を歌うと知って驚き、初めて見るすずらん灯のきれいな商店街で買い物も楽しみました。

小湊の小学校5年生ではとてもできないような体験をいくつもさせてもらい、おかげでちょっぴり大人びた気分になりました。

阿久根先生との出会いも含め、小学校5年生の1年間は、私にとって本当に実りあるものだったと今も思います。

懐かしい小湊の四季

1952（昭和27）年4月、私は鹿児島県川辺郡の万世町立小湊中学校（現加世田市立万世中学校）に進みました。といっても、小湊小と小湊中は同じ敷地内にあって講堂は共有。クラスメートもそのままです。

小中学校は地域の中心でもあり、運動会は町ぐるみの一大イベントでした。そして、それをしのぐほどに盛り上がるのが、4月3日の出開きと、10月15日の豊年祭りです。

出開きは、吹上浜の砂防林の松林の中の空き地に舞台を組み、地区ごとに出し物を競い合います。

平地の桜はもう散った後ですが、山から切り出した桜の大枝を舞台の袖に立て、お重にごちそうを詰め込んで、飲めや歌えやの大宴会。私も着物姿で舞台に上がり、踊った記憶があります。

出開きが終わると、緑肥としても利用されるキバナルピナスが咲き誇り、松の根元には松露というキノコが顔を出します。塩ゆでや汁物の具にして食べましたが、今では幻といわれる珍味になってしまったそうです。

7月23日は近隣で一番にぎわう加世田の竹田神社の夏祭り。きれいな絵灯籠で飾られた境内ではさまざまな芸能が奉納され、参道に夜店が並ぶ祭りは「六月灯」と呼ばれる鹿児島の夏の風物詩です。

祭りのクライマックスは、神社の前の用水路の上に造られた特設の舞台の上で、等身大はあろうかという人形を水車の力で動かす「水車からくり」。小気味よい水車の水音が涼を呼び、祭りの楽しみのひとつでした。現在は「薩摩の水からくり」として国の選択無形民俗文化財に指定されています。

お盆の帰省者のにぎわいが去り、稲やサツマイモの収穫が終わると、いよいよ秋の最大イベントである小湊の寄木《よりき》八幡神社の豊年祭りの季節。一番の見どころは小さな男の子たちが鉦《かね》をたたいて踊り、その回りを青年たちが取り囲んで踊る「鎌手踊り」です。

同じ敷地内にある小湊小学校、小湊中学校の遠景。奥が東シナ海で右側に吹上浜が続く＝鹿児島・万世町

豊作に感謝し、郷土の安穏を祈念して奉納する踊りですが、参加できるのは男だけ。白

い鉢巻きをきりりと締め、背中から色とりどりの布を垂らして踊る姿は勇壮かつ華やかです。

神社への奉納を終えた後は地域の要所を回る習わしで、わが家の庭にも近所の人たちが集まり、盛んに花（紙に包んだご祝儀）を投げていました。

小湊の鎌手踊りは、現在も青年団や小湊小学校の児童が受け継いでいますが、児童数が二十数人まで減ったため、男女を問わず習っているようです。

豊年祭りが終わり、各家で甘酒を仕込み始めると冬はもうすぐそこ。年の瀬になると県道沿いに年の市が開かれ、正月飾りや雑貨などの店がずらりと並びます。子どもたちもわずかなお小遣いを握りしめ、駄菓子やおもちゃの店を回るのを楽しみにしていました。

父の弟が年越し魚のブリを携えてやって来るともう大みそか。この叔父は祖母や私たち姉妹にお年玉をくれるので心待ちにしていました。

元日は父に連れられ、八幡神社とお寺さんにお参りし、その後は小中学校の講堂で行われる新年の拝賀式に出席するのが恒例行事でした。

畑逃れバレーボールで優勝

郷里の鹿児島県川辺郡で万世町立小湊中学校（後の加世田市立万世中学校）に進んだ私は、バレーボールに熱中しました。1学年が2クラスしかない小さな中学校でしたが、バレーボールに関しては県内で知られた強豪校でした。

そのため、バレーボール部が参加する川辺郡大会や鹿児島県大会が近づくと、練習を終える夕方、地元の人たちがふかしたサツマイモやカボチャを、時にはジュースや乳酸飲料、アイスキャンディーなどを差し入れてくれるようになりました。私はそれが魅力でバレーボールに熱中してゆきました。

そもそもバレーボール部に入った動機は、家の農作業の手伝いをしたくなかったからなのです。

農繁期になると、峠の向こうにある畑に連れて行かれ、サツマイモの収穫を手伝わされるのが常でした。焼酎やでんぷんの原料になるサツマイモはとても貴重で、農家にとっては重要な収入源だったからです。

年の離れた兄や姉はもう家を離れ、妹はまだ小さかったので、中学生になった私は両親にとって手頃な労働力でした。

まず、父や母が掘り出したサツマイモを籠に入れます。それを背負って、山の斜面の段々畑から、上の道路まで担ぎ上げるのはかなりの重労働でした。

農家の子どもはみんな手伝いをさせられますが、今になってみると、よく子どもにそんなきつい仕事をさせたものだと思うほどです。

私はそのつらさを忘れるために、自分に暗示をかける方法を思いつきました。

「今、私は夢の中にいる。目が覚めたら教室で授業を受けている……」

重いサツマイモを担ぎ上げるつらさに比べれば、ただ座って先生の話を聞いていればいい教室ほど楽な所はありません。さすがに学校にいる間は畑に行かされることはないので、少しでも長く学校にいるためにも、バレーボール部に入ることにしたのです。

当時のバレーボールは校庭で行う９人制。

鹿児島県中学校バレーボール選手権大会の優勝後に、桜島をバックに記念撮影。前列左から３人目が筆者＝1953年８月、鹿児島市中央公園

小さな中学校なので、部員は3学年合わせても十数人しかいませんでした。そこで、同じ敷地内にあった小中学校の先生たちがチームをつくり、バレーボール部の顧問で化学の先生だった久保守先生を中心に、練習相手を務めてくれました。

例えば中学2年生の時の担任で数学と男子の体育を教えていた弥栄忠先生ら、若いスポーツマンタイプの先生が多く、そうした大人の男性チームと互角に戦えるほど、レベルが高かったのです。

毎日の朝練も土日の練習も、畑仕事から逃れられるというだけで、この上なく楽しく感じました。そのかいあって、2年生と3年生の時、県の選手権大会や県下の大会で見事に優勝することができました。

この快挙に小湊の町中が大いに盛り上がり、私たちはトラックに乗って凱旋《がいせん》パレードをしました。

私はこのバレーボールを通じ、みんなが力を合わせるチームプレーの大切さと、それを支える地域のあたたかさを肌身に感じることができました。

父に学んだ三つの自由

私が小湊中学校の3年生になった1954（昭和29）年7月、鹿児島県川辺郡の万世町は、隣の加世田町と合併して加世田市になり、私が通っていた中学校は、万世町立から加世田市立になりました。

とはいえ、中身は小規模校のままで、部活動といっても男子は野球、女子はバレーボールくらいです。陸上大会や体操大会には、それぞれ得意な子が駆り出されました。私は走るのが速かったので、陸上大会などにもよく引っ張り出されました。幼い頃から干潟の波紋の上を走り、土踏まずを鍛えていたおかげかもしれません。

それでもやっぱり思い出深いのはバレーボールです。県大会レベルで何度か優勝していただけに、3年生の8月、中学生活最後となる大会で準優勝に終わったことはちょっと残念でした。

3年生はこの大会が終わると部活動の一線から退いてサポート役に回り、その後の大きな楽しみは修学旅行となります。

小学校の修学旅行では鹿児島市内を巡りましたが、実は予定日に「ルース台風」が襲来し、延期されてしまった経験がありました。

それで旅行の直前まで天気を気にしながら過ごしましたが、幸い何事もなく9月中旬に出発し、県内の霧島方面に向かいました。霧島神宮に参拝したほかは、山歩きが中心のハードな旅程で、古い火口湖として知られる大浪池などを経て、韓国岳《からくにだけ》（約1700メートル）に登りました。

韓国岳は霧島連山の最高峰で、霧島市と宮崎県のえびの市、小林市の境界にあります。すぐ南側に最近では2011（平成23）年に噴火した新燃岳《しんもえだけ》、天孫降臨の地とされる高千穂峰などが続いています。

同じ鹿児島県内とはいえ、南西の端で東シナ海に面する加世田と、北東の端の霧島の山々では、自然が醸し出す風景がずいぶん違うと感じました。

中学3年生の冬休み、鹿児島市内に住んでいた父の弟の家に遊びに行き、鹿児島大学で化学を学んでいた次兄の安夫を訪ねました。

中学校の授業の中で、数学や理科の実験を面白いと思っていた私は、兄が所属している実験室をのぞいてみたかったのです。

私はこの後、鹿児島県立加世田高校に進みますが、兄の実験室を訪ねた経験が、その後、理系に進むきっかけのひとつになったような気がします。

そして、中学校の卒業式を終えた夜、簡素なお祝いの膳を囲んだ時、私は父からこう言われました。

「おまえには三つの自由がある。学問の自由。上級学校に行くかどうかは自分で選びなさい。どんな道を行くか自分で選べる自由がある。学校を卒業して就職するときも、どんな職業に就くかという職業選択の自由がある。そしていつか結婚したいと思ったとき、誰と結婚するかもおまえの自由だ。そのことを、この時期におまえに話しておく」

当時としては新しい時代感覚を得ていた父は、一番身近にいた4人目の子である私に、自分の考える「自由」を実践させたかったのでしょう。そう願って発した言葉だろうと思う一方で、父は私のことを、「自分で切り開いていけそうな子だ」と見ていたのかもしれません。

小湊中学校の修学旅行で霧島へ。スナップに納まる友人の阿久根睦子さん（右）と筆者＝鹿児島県

青少年赤十字（ＪＲＣ）に参加

鹿児島県立加世田高校への進学が決まった1955（昭和30）年の春、私が最初にやったのは、自転車で約1時間かかる加世田市役所へ行き、奨学金制度について教えてもらうこと、そしてその手続きをすることでした。

わが家は農家なので、現金収入がほとんどありませんでした。そのため、国立の鹿児島大学に進んだ次兄の学費を払うため、両親がどんなに苦労していたかを肌身で感じ取っていました。だからそんな行動に出たのですが、これをサジェストしたのも父でした。

私からわが家の窮状を聞いた市役所の職員は、「だからといって本人が来て、自分で手続きをするなんて、あんたが初めてだ」と驚いていました。

今になって振り返ると、自治体の奨学金の受給者には該当しないため、日本育英会（現日本学生支援機構）の奨学金制度を教えられたのだと思いますが、私はこの奨学金を借りて、高校の3年間と大学の4年間を修学することができました。

わが家から高校まではおよそ8キロ。アップダウンの多い道を自転車で通う毎日でした。「バレーボールが強い小湊中学校の出身者」ということで、バレーボール部に勧誘されました。中学の先輩もいたので入部しましたが、試合で化学の授業に出られないことがあり、２年生になる時に辞め、同時に進学コースを選びました。

進学コースはほとんど男子ばかり。しかも受験勉強を優先して修学旅行に参加しない慣習があり、私も行きませんでした。家の経済的な事情もあったし、就職したら都会に行く機会はいくらでもあるだろうと思ったからです。

部活動は辞めましたが、バスケットやテニス、陸上競技大会などに誘われ、それぞれの競技会に出場しました。文化祭に書道や絵を出展し、クラス推薦による生徒会の役員も務め、集会の司会役などを任されることもありました。

そのうち、誘われて日本赤十字社の青少年赤十字（ＪＲＣ）の活動に参加するようになりました。

ＪＲＣではお年寄りのお宅を訪問したり、

霧島で行われた青少年赤十字の研修に参加。
左端の後ろ姿が筆者＝1956年、鹿児島県

自分たちが住んでいる町のことを紹介するアルバムを作って海外の人と交流したり、研修会に参加したり、学校内とは違ういろいろな活動メニューがありました。

高校2年生の夏休みには県の教育委員会が後援し、県内のＪＲＣに加入している中高生が霧島に集まるリーダー研修会に参加しました。3日の間にオリエンテーリングをやったり、「一日村長」に指名されたり、修学旅行に劣らない貴重な体験だったと思います。

鹿児島市内の玉龍高校ではＪＲＣの高校生だけの研修会があり、キャンプファイヤなどを楽しみました。また、高校3年生の夏には加世田高校の1年生から3年生までのＪＲＣ会員が集まり、吹上浜の砂防林でフリートークをしたり、東シナ海に注ぐ万之瀬川をボートで遡り、みんなで歌ったりしたことも楽しい思い出です。

ＪＲＣ活動でのリーダー格だったのが、同級生の慶田敏紀さん。その後、広島大学からＮＨＫに入り、ＮＨＫソフトウエアの社長などを歴任されました。今も加世田高校の同窓会の顧問を務め、後輩たちに慕われています。

後年、平塚市内の学校にもＪＲＣに積極的に取り組む原田淑人先生たちがいて、子どもたちが様々な活動をしていることを知りました。そして市議会議員時代にＪＲＣの大会やキャンプの手伝い、海外から来て平塚で働く人たちに日本語を教える事業に参加したことがあり、ＪＲＣ活動の地域的な広がりや継続性は素晴らしものだと思っています。

就職せず鹿児島大へ進む

私が小学校に入学したのは、太平洋戦争が終わってまだ1年も経たない１９４６（昭和21）年4月。そのため、私の子ども時代は「戦後」そのものでした。しかし鹿児島の片田舎と都会とでは、その表れ方や感じ方に違いがあったような気がしています。

朝鮮戦争が起きた50（昭和25）年には小学5年生。サンフランシスコ講和条約が調印された51（昭和26）年9月には6年生でした。高度経済成長の始まりとされる神武景気が始まったのは、中学から高校へ進む頃です。世の中がどんどん動いているのに、「私の住む小湊には情報が少ない」「政治が届かない」と漠然と感じていました。

戦後間もなく統一地方選挙が行われるようになると、父が万世町（当時）の町議会議員に立候補しました。おそらく知事選や町長選も同時に行われたのだと思いますが、私は国政選挙で遊説中の候補者の演説を聞くのが好きでした。

とても「政治」の範疇《はんちゅう》に入るレベルではありませんが、私が最初に「政治」を意識したのはこの頃だったかもしれません。

筆者が通った加世田高校の運動会で、「米騒動」を模して仮装行列に参加。中央が筆者＝1957年ごろ、鹿児島県

そして中学校の卒業式の直後、父から「進学・就職・結婚の『三つの自由』がある」と言われたこともあり、いつか「中央」へ出て行きたいと思うようになりました。

スポーツや生徒会活動、青少年赤十字（ＪＲＣ）活動に積極的に参加した高校生活も３年の夏で一段落。57（昭和32）年の秋から本格的な受験勉強シーズンが始まりました。

数学や化学を面白いと感じていた私は、理系の学部を受験するつもりでしが、当時、旭化成で働いていた義兄の勧めで同社の採用試験を受けてみることにしました。縁故者のみが受けられる特別なものだと聞いていたのに、試験会場の宮崎県延岡市に行ってみると、全国から膨大な数の受験者が集まっていることに驚かされました。

ほとんど触ったこともない電話応対の実技試験でまごついたものの、筆記試験は合格ラインに達していただろうと思います。

試験が終わってから、遠く離れた小湊の自宅周辺に調査員が来たことを知ったのはずっと後のことでした。近所の人たちは私が進学するものと思っていたので、そのことを話したようです。その後、義兄は会社の上司から「義妹さんは進学するそうですね」と言われており、結果は不採用でした。

もう就職でも進学でもどちらでもいいや、と思い始めた時、次兄が「人生には無駄も必要だ。大学の4年間は遠回りかもしれないが、人生に大切な意味を持つことになるかもしれない」と言ってくれました。それで気持ちに踏ん切りがつき、受験勉強に集中できるようになりました。

受験先は国立の旧1期校と旧2期校の2校に絞ったものの、1期校の熊本大学薬学部は不合格。その後、2期校の鹿児島大学文理学部に合格することができました。大学受験で不合格という挫折を味わった私を、教育長を退任したばかりだった親戚の上釜直三さんが、「人生は何が幸いするか分からないもの」と励ましてくれました。

同級生と2人暮らし

1958(昭和33)年4月、私は鹿児島大学の文理学部理学科に入学しました。当時の文理学部には社会学科、文学科、理学科の3学科がありましたが、65(昭和40)年に法文学部と理学部に改組されています。

私は生まれ故郷の小湊を離れ、鹿児島市内で間借り暮らしを始めました。学費や生活費は奨学金と、海上自衛隊に勤務していた長兄家族からの援助、そして家庭教師のアルバイトの掛け持ちで賄いました。

最初に住んだのは、鹿児島大学の工学部で働いていた7歳年上のいとこ(父の弟の娘)が探してくれた部屋でしたが、その後の4年間に3度引っ越しました。

男子寮や男子学生向けの下宿はいくらでもありましたが、実家を離れて大学に通う女子学生はまだ少なく、全学部を合わせても1学年で10人くらい。「貸室あり」という張り紙を目当てに探しても、思うような物件はなかなか見つかりません。後年、部屋を探している夢を見て、思わず苦笑してしまいました。

最初は1人暮らしでしたが、家政学部の森田ふさ子さんと一緒に暮らすようになると、料理上手な彼女が調理し、私は洗い物という分担になりました。

森田さんは加世田高校1年生の時の同級生。その後、校長だった父親の転勤のため、川内市（現薩摩川内市）の高校に転校しており、大学で再会したのです。現在は福岡県の久留米市に住んでいて、今に至るまで長いお付き合いが続いている親友の一人です。

親友の森田ふさ子さん（右）の下宿で一緒に勉強する筆者。この後、２人で暮らしはじめた＝1960年ごろ、鹿児島市

６畳一間が数千円の時代、冷蔵庫はなく、ハムや食パンは「何枚」という単位で買っていました。２人で銭湯に行った帰りに焼き芋の香ばしい匂いにつられ、１個を半分ずつに割って食べました。実家では「もう一生見たくない」というほど食べたはずのサツマイモが、不思議なほどおいしく感じられました。

大学のカリキュラムの関係で、教養課程では体育の時間が少なく、課外活動で単位を補えるようになっていました。そのため1年先輩の女子学生と2人で、薩摩半島の南端にある開聞岳《かいもんだけ》に登ることにしました。

西鹿児島駅から南下する指宿線（現JR指宿枕崎線）に乗り、本州最南端の駅である西大山駅を過ぎて少し北上すると、三つ目が開聞駅です。

美しい円すい形で薩摩富士とも呼ばれる開聞岳は標高924メートルの独立峰。3時間もあれば登れ、遮るものが何もない360度の眺望は実に見事です。

北にカルデラ湖の池田湖を見下ろし、南は見渡す限りの太平洋。その絶景に見とれるあまり、暗くなりかけた登山道を、転げ落ちるように駆け下り、大急ぎで帰りました。

学内で部活動に参加した時間も体育の単位として認められましたが、家庭教師を掛け持ちする私にそんな余裕はありません。

それでも中学時代にバレーボールの県大会で優勝したことや、高校でテニスのダブルスで前衛をやった経験が知れると誘われることが増え、部活というほど本格的にやらないまでも、単位の取得には役立ちました。

学生運動と洋画鑑賞

鹿児島大学に入って間もない1958（昭和33）年5月ごろ、私は学生運動の〝洗礼〟を受けました。昼休みに学内を歩いていて、勤務評定制度の導入や警察官職務執行法（警職法）改正に反対するオルグ（教宣活動）に遭遇したのです。

50（昭和25）年に公布された地方公務員法は、地方公務員の勤務について定期的な成績評価（勤務評定）を義務付けるものでした。しかし、一般的な行政職と異なる教職員には、客観的な勤務評定は困難だという考えが根強く、全国的な導入には至りませんでした。

ところが愛媛県教育委員会が導入を決めたことがきっかけで、教育現場を巻き込んだ「勤評闘争」が始まり、50年代後半になると全国の学生の間にも広まっていきました。

「もしかしたら、自分も将来は教師になるかもしれない」

そうなったら、勤務状況だけで教師の価値は測れないだろうと考え、鹿児島県の教育委員会への要請行動などに参加するようになりました。学生同士でペアを組み、教職員組合の活動の支援に出かけたこともあります。

59（昭和34）年になると、鹿児島でも日米安全保障条約に反対する安保闘争が本格化していきました。学生だけでなく教授も市民もデモに加わり、反対運動は大きなうねりになっていきました。

大学2年生のメーデーの日に、中央会場である鹿児島中央公園をのぞくと、多くの人々の熱気の中で、共産党の野坂参三議長が熱弁を振るっていたことを覚えています。

60（昭和35）年、福岡県大牟田市などで採鉱していた三井三池炭鉱が大量解雇を打ち出したため、激しい労働争議が起こりました。いわゆる三井三池争議です。ストライキは長期化し、生活費を断たれた一部の組合員が第二労組を結成したため、第一労組と第二労組の対立が激化し、各地の学生運動団体からも支援人員が現地に向かいました。

鹿児島市でも市内最大の繁華街である天文館で支援オルグが起き、私もチラシ配りなどをして応援しました。

それでも私が在学中の鹿児島大学では、学生運動は、それほど過激ではなかったと思います。50年代半ばから親ソ反米を掲げる「全学連運動」の波が押し寄せてはいたものの、鹿児島市内に学部が点在する〝たこ足大学〟で、学部間の連携が難しく、学生運動を全学

大学時代に訪れたえびの高原の屋外アイススケート場。この日は樹氷ができるほど雪も降った。後列左から２人目が筆者＝1960年ごろ、宮崎県

的な組織としてまとめるには至らなかったのだと思われます。

ただ、九州の中には学生運動が盛んな大学もあり、東京の大学生による帰郷運動もあったそうです。鹿児島大学にもたまに九州大学の活動家がオルグに来ていました。

学生運動ではいろいろな場面に遭遇しましたが、記憶に残るのはむしろ昼休みに集まり、みんなで歌ったこと。例えば「インターナショナル」「聞け万国の労働者」「全学連の歌」「幸せなら手をたたこう」などのほか、当時の流行歌や替え歌など、何でもありという伸びやかで自由な雰囲気でした。

授業や学生生活が阻害されるような事態が起きたのは私が卒業してからで、一部は80年代まで続いたようです。時流に少し遅れているのは、中央から遠く離れた地方大学の宿命かもしれません。

私の学生生活はこうした日常と大学の授業の繰り返し。そして講義が終わり、日が暮れると家庭教師のアルバイトという毎日でした。夏休みになっても家庭教師を理由に小湊には帰省せず、今になって思えば、両親にずいぶん寂しい思いをさせてしまいました。

少しお金に余裕があると、ゲーリー・クーパーとイングリッド・バーグマンの「誰が為に鐘は鳴る」や、「慕情」などの洋画をよく見に行きました。

「武器よさらば」「死刑台のエレベーター」「絶体絶命（ピンチ）」などがロードショーを終え、安く見られるようになるのを待ちかねました。

物理化学専攻に進む

鹿児島大学では2年生の秋に専門課程の進路を選ぶことになっていました。私が文理学部理学科に在籍していた1959（昭和34）年、選択肢は、物理、化学、生物、数学、地学の5つで、選ぶとしたら数学か化学だと思っていました。

数学は中学生の頃から得意だったし、大学の試験でも何度か良い点を取っていたため、数学科の教授が声をかけてくれました。

「数学科を出た後の進路は、何も先生ばかりではありませんよ」

私の心中を見抜いたような誘い文句でしたが、教師以外の就職先を具体的にイメージすることができません。

一方、「化学」は高校2年生の授業で興味が湧き、好きな科目でした。当時の大学の化学科に、有機化学を学んだ次兄の安夫の指導教授だった鎌田正明教授がいたこともあり、私は化学科に進むことにしました。

化学科では4年生になるまで無機化学、有機化学、物理化学、放射化学の理論や実験などを一緒に学んでいきます。

例えば、鹿児島県内の河川水の分析を手がけていた鎌田教授の授業で、鹿児島市内を流れる甲突川《こうつきがわ》の水質を定点観測するため、真冬の寒い夜中、震えながら交代でサンプリングを続けたことがありました。

鹿児島市内の甲突川で水のサンプリングをする筆者
＝1959年ごろ

有機分析の実験では反応に時間がかかるので、実験室でトランプ遊びや五目並べをしながら結果を待つことがよくありました。そのうち見よう見まねでマージャンを覚え、男子学生に交じって楽しむようになりました。私は朝型で、試験勉強も早起きしてやるタイプですが、唯一夜更かしを苦にしなかったのが、このマージャンです。

4年生になると、卒業論文との関係もあり、さらに専科を選びます。

鹿児島大学文理学部化学科の仲間たち。前列右から２人目が筆者＝1960年ごろ、鹿児島市

有機化学や無機化学を選ぶ学生が多いのですが、私は何となく物理化学に興味を持つようになりました。

物理化学は、学校教科の「物理」と「化学」を合わせたものとは違い、あるいはその境界的な学問でもなく、分子はどのような構造をしているのか、どのように反応するのか、それはなぜなのかを物理学的な手法で研究していきます。

そうした化学の演習や反応速度論、熱力学などの無機化学の理論が、自分の性格に合っているように思えたのです。ところがみんなの進路が決まってみると、11人いた化学科の中で、物理化学を選んだのは私1人だけでした。

この頃、インドネシアの国費留学生の世話を任されたことがあります。すでに母国の大学を卒業しているエリート候補生で頭脳は明晰。私よりも年上ですが、さすがに日本語はおぼつきません。日本語で行われる講義の理解を助けるため、日本語の手ほどきや講義の補修が必要でした。

物理化学科に来たのは1人だけですが、あちこちの学部に通う留学生が集まり、市内の借家で一緒に生活していました。お正月に彼らに招かれ、お国料理をふるまわれて、初めて手食文化を体験しました。何かいけないことをしているような、それでいて慣れると楽しい、ひと味違う体験でした。

私は大学卒業後、横浜の栗田工業総合研究所に就職しますが、この時、農芸化学科で学んでいた留学生が、職場見学をかねて帰国の挨拶に来てくれました。帰国した彼らは祖国の役所や病院などで活躍したそうです。

卒業論文は中村純夫教授の下で、「ポーラログラフィーによるジルコニウム（Zr）の反応論」と題し、実験を重ねました。原子番号40番の元素に電圧をかけ、電流を測るのです。身の程知らずの難しいテーマを選んだ結果となり、まともな結論に至らないお粗末な卒論になってしまいました。

それでも、なぜそうなるのかを、自分が納得するまで突き詰めていくプロセスを、化学という学問を通じて経験できた大学生活は、私にとってとても大きな財産になったと思っています。

横浜の研究所に就職

鹿児島大学の４年生になった１９６１（昭和36）年は、卒業論文のための実験と、就職活動とを並行して行う、かなりハードな1年でした。

まず高等学校の化学教師の資格を得るため、鹿児島市内の県立鶴丸高校に教育実習に行きました。旧制の鹿児島一中と一高女を前身とする県内有数の進学校で、校名は島津氏の鹿児島城の別名・鶴丸城に由来します。

実習で教壇に立ってみると、授業に食らいついてくる生徒がいる一方、分かった気になってやり過ごしてしまう生徒がいることもよくわかりました。

そうなると「何とか分からせてやろう」と気合が入るのが私の性格で、生徒とのやりとりにも自然に熱がこもりました。実習を終えた後、教えた生徒たちが大学を訪ねて来てくれた時は「教師になるのもいいかな」と思ったものです。

教えることも話すことも好きでしたが、教師になったら鹿児島県内を異動するだけ。「中央」すなわち関東へ行くにはやはり就職する必要がありました。

教育実習を終えた私は、国家公務員の上級試験を九州大学で受けました。その合格が新聞に掲載されたのを見た兄嫁から、「律ちゃんは国家公務員にふさわしいと思うよ」と言われました。そして私は東京で希望官庁の面接試験に臨むことになったのです。

私の初めての上京は大学2年生の時。姉の出産の手伝いのため、姉夫婦が暮らす静岡県富士市に滞在している間に、小学校時代の恩師の阿久根貢先生を東京に訪ね、多摩動物公園などに連れて行ってもらいました。

そして人生2度目の上京が、国家公務員の面接試験です。鹿児島から寝台急行「霧島」に乗り、鹿児島本線、山陽本線、東海道本線を延々と東へ走る旅でした。

東京駅の洗面所ですすけた顔を洗い、意気

化学教師の資格を得るため鶴丸高校で教育実習。
2列目の左端が筆者＝1961年、鹿児島市

揚々と臨んだ面接ですが、そこで言われたことは今でも忘れられません。

「あなたは東京で頼りになる家がありますか」

要するに、鹿児島の女の子が都会のど真ん中に出て来るには、誰か面倒を見てくれる人がいなければいけないということです。

結果は不合格だったので、強がりに聞こえるかもしれませんが、誰かの加護がなければ就職できないと言われているようで、とても嫌な感じを受けました。

一方で同じ頃、民間会社の入社試験も受けていました。同じ化学科の先輩が入社していた栗田工業です。

当時の本社は大阪市中央区に、研究所は兵庫県西宮市にありましたが、翌年には横浜市保土ケ谷区に総合研究所がオープンすることになっていたため、入社すればそこに配属されることがほぼ確実でした。「東洋一の水処理研究所」という触れ込みの最新の研究所はとても魅力的でした。

九州大学に新設される放射線関係の研究室からも声を掛けられましたが、心はすでに九州を飛び出していました。こうして62（昭和37）年4月1日、私は栗田工業中央総合研究所に入社しました。

「君は九州大を蹴ったんだって?」「はい、御社を選びました」

私は横浜での新生活に、大きな期待を抱いていました。

54年後に見た二人の姿

鹿児島大学を卒業した私は1962（昭和37）年、栗田工業に入社し、横浜市内に新設された中央総合研究所で働くことになりました。

ところが卒業式を終えた時点で分かっていたのは、入社式が4月1日で、会場は琵琶湖のほとりということだけ。大学生活を過ごした間借りの部屋から、とりあえず横浜の研究所に布団と身の回りの品を詰めた柳行李《やなぎごうり》を、残りを実家に送りました。

私はいったん姉夫婦が住んでいた静岡県の富士市へ行き、入社式のため東海道本線で再び西へ向かいました。滋賀県の会場に着いて初めて、ここで同期入社の男性社員に約1カ月の新人研修が義務付けられていることを知りました。

2016（平成28）年の初め、同期入社の伊藤征生さんから、当時の入社式の様子を映像に収めたCDが届きました。

栗田工業創業者の栗田春生氏は海軍機関学校の出身で、創業時に手がけたボイラー清浄

栗田工業中央総合研究所に入社しておよそ２カ月の筆者（中央）＝1962年６月、横浜市保土ケ谷区

剤（清缶剤）も、旧日本海軍の技術を生かしたものだったそうです。

そのせいか、栗田工業の新人研修は軍隊式とは言わないまでも、早朝訓練や山登り、ラグビーなどが組み込まれていました。それに関心を持ったドイツのテレビ局が入社式や研修の様子を撮影し、ドイツで放映されたという映像データが50年以上もたった今ごろになって手に入った、という主旨の手紙が同封されていました。

どんな光景が写っているのか興味津々。さっそく夫と一緒に見てみました。夫の大蔵宏祐《こうすけ》は大阪市出身で、立命館大学で有機合成化学を専攻し、栗田工業では私と同期入社です。

とはいえ、入社時には面識がなかったため、このＣＤを見て初めて「あら、ここにいるじゃない」「ああ、ここだ、ここだ」と、若き日の二人を確認することができました。

話を元に戻します。入社式の後、私は住む所が決まるまで、研究所がある保土ケ谷区内の借り上げ社宅に入れてもらいました。家族向けの社宅や男性の社員寮はあったのですが、女性社員は自宅通勤がほとんどで、私は例外的存在だったからです。

間もなく不動産屋さんを介し、相鉄線の鶴ケ峰駅近くにアパートを借りました。研究所は西谷浄水場の南側で、相鉄線の和田町駅から研究員用のマイクロバスが出ていたため、和田町からわずか3駅の鶴ヶ峰なら通勤に便利だと思ったからです。

肝心の住まいでさえこんな調子で、落ち着いて働き始めるまでいろいろ手間がかかり、やる気満々で鹿児島を出てきたので、なんだか拍子抜けした感じでした。

栗田工業では何事も「5分前」が鉄則でした。研究所でも毎朝始業5分前に屋上に集まって体操をし、月曜日は研究員による5分間講話で一日が始まります。それも社長が海軍出身という名残だったのでしょうか。でも、参加するのも、何を話すかも自由でした。

私は「コロンブスの卵はゆで卵だった」ということを、3年後に夫となる宏祐の5分間講話で知りました。前年に人類初の有人宇宙飛行に成功したガガーリンの偉業を話す者もいるなど、若い研究員の豊富な着眼点には、なかなか聞かせるものがありました。

廃水分析と学会発表

栗田工業は1949（昭和24）年、水処理薬品事業によって創業し、海軍の汽缶技術を活用したボイラー薬品の販売を始め、その後、水処理事業に進出し、化学洗浄やメンテナンスも手がけるようになりました。

ちょうど私が就職した62（昭和37）年、東京証券取引所と大阪証券取引所の2部から1部に指定替えとなり、社内は活気に満ちていました。

私が配属された中央総合研究所は、横浜市保土ケ谷区に新設され、主にボイラー水の分析と、清缶剤やボイラー洗浄法の開発などを行っていました。

入社直後の私は、来る日も来る日も、各地から届けられる工場廃水の分析に従事した後、東京工業試験場から移ってきた酒井さんが率いることになった機器分析室に配属され、5人チームの一員になりました。

新設されたばかりの研究所だったせいか、他の大学や研究所から引き抜かれてくる人が多く、間もなく東北大学の教授だった加藤さんが所長になりました。

機器分析室の業務は、分析が難しい工場廃水と、ボイラーの水管に付着するスケール（水あか）の成分分析でした。どんな物質が混入しているかわからないので、前処理を施してから、特殊な機器を用いて混入成分を特定していきます。

水管の付着物を放置すると、ボイラーの熱効率が低下し、水管が破裂することもあるので、ボイラー水に薬剤を添加します。この清缶剤が当時の栗田工業の主力商品でした。

私が入社する前から、栗田工業はイオン交換樹脂による水処理も手掛けていて、海水から真水を取り出す研究も進めていました。

研究員は日本分析化学会など、化学関係の学会に出勤扱いで参加することができました。私も何度も参加しましたが、中では東京都新宿区の工学院大学で開かれた学会で発表したことが記憶に残っています。

研究所内で「発表がうまい」とおだてられ、ほいほいと引き受けてしまったものの、パネルの準備などがとても大変でした。今のようにパソコンやプロジェクターがあるわけではなく、何でも手書きだったからです。

こうした学会は、東京以外で開かれることも珍しくありません。入社4年目には岡山大学で開かれた学会で、イオン交換樹脂を使ってリン酸塩を特定する発表の機会がありました。

ところが私は、その直前に結婚式を挙げたばかり。正直、準備不足は否めませんでしたが、岡山へ向かう途中で神戸大学に寄り道し、この分野の専門家にアドバイスをもらうなど、直前まで四苦八苦してなんとかまとめ上げました。

この発表の論文が、『分析化学』（日本分析化学会発行）という雑誌に掲載されると、小湊中学校の同窓生の小園東雄君が連絡をくれたのはうれしい驚きでした。勤務先の八幡製鐵（現新日鐵住金）の社内報で見たそうです。

また学会のプログラムで水島コンビナートの見学に行くと、私にとってなじみ深い旭化成があり、変わりゆく工業界の革新に驚いたものでした。それからおよそ半世紀、岡山の水島臨海工業地帯は、工場夜景の美しいスポットとして人気になっているようです。

組合執行委員に就任

私は栗田工業に入社した翌1963（昭和38）年春ごろから、労働組合の活動に加わるようになりました。当時の労組は組織率が高く、課長以下の全研究所員が加入していました。直接のきっかけは神戸大学出身の執行委員の弁舌爽やかな話に引き込まれたこと。そして私自身が理不尽に感じていたことがあったからです。

例えば学校生活ではほとんど男女差を感じないで過ごしてきましたが、就職して、男女の給与格差の大きさにがくぜんとしました。

最近は「同一労働・同一賃金」という言葉が注目されていますが、これは当時からあったスローガン。でもそんな会社がいったいどこにあったでしょうか。

それに当時の私には人よりも多く仕事をしているという自負がありました。通常業務とは別に、夜遅くまで論文を書き、学会発表の準備をして、残業手当がつかなくても、やれることは何でもやりました。

そうやって人一倍働いたつもりでも、給与は男性より低かったのです。

そんな時に組合活動に誘われ、会社の労組の中に女性の執行委員が一人もいないことを知りました。そこで私は自ら手を挙げ、63年10月から執行委員になりました。

当時、栗田工業の本社は大阪市

栗田工業中央総合研究所の屋上に立つ筆者＝1963年12月、横浜市保土ケ谷区

組合活動に参加していた頃の筆者（右から２人目）。研究所の試験部の仲間と城ケ島を訪ねる＝1963年ごろ、三浦市

にあったので、夜行列車に飛び乗り、団体交渉に参加して、また夜行で横浜へ戻り、そのまま出社したこともよくありました。寝台急行「銀河」などをよく利用しましたが、３段寝台の一番上は案外広く、私のお気に入りでした。

ただし64（昭和39）年10月、組合の総代会に出席するため、開業３日目の新幹線で大阪へ向かったことは、今も私のちょっとした自慢です。

寝台車で秋田県の鷹巣町（現北秋田市）にも行ったことがあります。後年、平塚市議として活動している頃、住民参加を基礎にして高いレベルの高齢者福祉を築き上げた町として名前を聞くことが何度かあり、懐かしく感じました。

組合の規約作りや労使間の話し合い、年末にはボーナス闘争、年が明ければ春闘と、交渉の材料はいくらでもあり、研究所があった横浜市保土ケ谷区の地区労働組合会議（地区労）にも参加していました。

ただ、栗田工業の社風は従業員がデモやストライキを起こすようなものではありませんでした。組合はむしろ、卓球大会やレクリエーション、日帰り旅行などを主催し、結婚前の若い人たちが集まるサークルのような一面もありました。集会室でダンスパーティーを開くため、終業後に練習したことも楽しい思い出です。

栗田工業の労組に女性の執行委員がいないと知って手を挙げた私です。後に結婚、妊娠して退職することになり、「これでまた会社に女性の声が会社に届きにくくなる」という残念な気持ちが募りました。ところが幸いにも、東京支所の女性社員が執行委員を引き継いでくれることになり、ホッとしたものです。

ある日、夫の遺品を整理していたら、古びた手帳の間に、労組の機関紙に載った私を紹介する記事の切り抜きが挟んでありました。

書き出しは「桜島のふもとで桜島大根をば食って育った中釜というガマ」。

これは私が旧姓の中釜《なかがま》から「ガマちゃん」「ガマ」と呼ばれていたからです。

「その性《さが》、情熱家にして責任感おう盛。すじを通してたのまれたらいやとはいえぬ人だ」

という人物評はその通りかもしれません。

「あえて美女とはいわないが、面とむかっては絶対にけんかのできない顔」

夫はいったいどんな顔をして、この紹介記事を読んだのでしょうか。

ふたりのなれそめはスケート

前にも書いたように、夫の大蔵宏祐《こうすけ》と私は1962(昭和37)年4月、同期で栗田工業に入社しました。宏祐は入社後、グループ会社の栗田化学に出向し、私と同じ横浜市保土ケ谷区にある中央総合研究所に配属されました。

私の所属する機器分析室が1階、栗田化学の研究室は2階で、フロアは違うものの、同じ建物内で働くことになったのです。

私は相鉄線の鶴ケ峰に部屋を借り、宏祐は横浜線の中山にあった男子寮に入っていました。通勤のマイクロバスでは顔見知り程度で、その後、私をコーラスに誘ってくれた友人を介して知り合ったのが最初だったと思います。

いつだったか忘れましたが、鶴ケ峰のアパートの大家のおばさんが人並み以上の世話好きで、「あなたにぴったりの人がいるのよ」という類いの縁談話を持ち込んできました。

仲間うちで私がポロリとそんな話をしたことで、宏祐は私を意識するようになったのかもしれません。

この大家さんの話は実りませんでした。でも、こんなことがあってから、宏祐と親しくなっていったような気がします。

私のいた機器分析室には赤外線を使う特殊な計測器があり、宏祐の部署の人たちもよく使いにきていました。宏祐は大阪大学の教授から機器分析室の研究員に転じた岩田さんを頼りにしていたらしく、よく顔を出していました。

研究所の仲間とブドウ狩りを楽しむ。後に夫となる大藏宏祐と初めて２人で撮った写真＝1963年10月、山梨県

宏祐の仕事は商品開発のための研究で、車のフロントガラスの曇り止め「クリンビュー」の改良などを手掛けていました。

ある日、会社のマイクロバスで榛名湖へスケートに行く企画が持ち上がりましたが、私は「一度しかやったことがないし滑れない」と、参加に後ろ向きでした。

するとと宏祐は、東神奈川のスケートリンクで私に滑り方を教えてくれました。その後は友人も交え、何度かこのリンクに行きましたが、単なる友達以上のお付き合いに進んだのはこの前後だったと思います。

横浜は今も昔もデートスポットがたくさんありますが、私は山下公園が好きでした。映画を見に伊勢佐木町に行き、野毛山動物園にも足を運びました。

2人ともお金がないので外食といえばラーメン。私は鹿児島育ちでラーメンといえば豚骨が当たり前。最初はしょうゆの色にも味にも驚きましたが、慣れると大好きになり、宏祐は「そんなにラーメンばかり食べる人は珍しい」とあきれていました。

その頃、私の鶴ケ峰のアパートは、妹の節子といとこが加わり、3人暮らしになっていました。私が就職した翌春に節子が、さらに翌年にいとこが出てきて、2人とも横浜市内で働き始めたのです。

狭いなりに3人分の布団が敷けたので、部屋代を分け合い、切り詰めた自炊生活をしていました。

今は遺品となってしまった宏祐の手帳を見ると、土曜日ごとに私の部屋を訪ねてきて、

４人で夕食を食べたことがきちょうめんに記されていました。

職場の事故で婚約が発覚

私が夫になる大藏宏祐《こうすけ》から、指輪を贈られたのは１９６４（昭和39）年の４月19日。実は私の誕生日で、これがプロポーズでもありました。私は求婚を受け入れました。

それから結婚式を挙げるまで、ほぼ1年の婚約期間に、私たちはいろいろなことを話し合いました。特に結婚後、私の仕事をどうするかが大きな問題でした。私はこのまま、働き続けたいと思っていたからです。

とはいえ、当時の慣習として、結婚すれば専業主婦になる、いわゆる「寿退社」が当たり前でした。それが職場結婚であればなおさらです。そんな事情もあって、宏祐は自分の上司に結婚のことをなかなか言い出せないでいました。

一方、私の上司は「勤務場所が同じ建物でも、栗田工業と栗田化学では会社が違う。給料を出す所が違うのだから問題はない」と言って、私が結婚後も働き続けることに理解を示してくれました。

ところが二人の間でまだ結論が出せていなかった64年8月、宏祐が有害な気体や揮発性の有害物質を取り扱うときに用いる「ドラフトチャンバー」のスライドを開けたとき、大きな爆発事故を起こしてしまいました。前の人が使った蒸気が、内部にたまったままになっていたようです。

目や腕にガラスの破片が刺さった宏祐は救急車で搬送されることになり、私たちの婚約を知っていた同僚があわてて私を呼びに来ました。それで私が救急車に同乗したため、二人の交際が思いがけない形で宏祐の上司に発覚してしまいました。

神奈川新聞の「わが人生」を連載中、この事故のことを思い出したと、当時の栗田工業の総務部に勤務していた女性（旧姓・北村）から手紙を頂きました。彼女は宏祐がけがをして救急車が来るまでの応急措置として、ガラス片が突き刺さった身体をさらしでぐるぐる巻いたとのことでした。

上司に「早くしろ、早くさらしを巻け！」と怒鳴られながら、さらしを巻くとガラスが身体に刺さっていくような気がして身体がこわばり、恐怖で震えながらの、懸命の処置だったそうです。そして救急車を見送りながら、顔や身体に傷が残るのではないかと気になっていたとのことでした。

それが「わが人生」に載った宏祐の写真を見て顔に傷がないことがわかり、本当に良かっ

174

たと書かれていて、当時の生々しい緊迫した感じがうかがえました。

「夫が存命中に知っていたら、一緒にお会いして御礼を言いたかったのに…」と、胸が熱く揺さぶられました。

こうした事故後の適切な処置のおかげで、宏祐は無事に職場に復帰しましたが、私たちには「職場結婚＝女性社員は退職」という構図が重くのしかかってきました。ところがそれから間もなく、宏祐がいた部署がタイホー工業（現イチネンケミカルズ）となり、栗田工業とは関係のない別会社になったので、問題はなくなりました。

こうして私は結婚後も働き続ける意志を固めたのですが、私の退職を望んでいた宏祐が、後にポロッとこぼしたことがあります。

「結婚の最初から妥協したら、一生妥協し続

大阪で婚約者の大藏宏祐（左）の両親にあいさつした後、２人で奈良へ足を運び記念撮影＝1964年１月

けることになる。だから精いっぱい粘ったんだが…」

結婚を決めた私たちは、互いの家族にあいさつするため、まず宏祐の両親が暮らす大坂へ行きました。宏祐は長男で妹が２人います。普通のサラリーマン家庭ですが、跡取り息子として大切に育てられ、義母は家から通える会社に入れたかったようです。

当時の栗田工業は大阪に本社があり、入社試験も関西で行われたので、まさか神奈川に配属されることになるとは考えもせず、全くの思惑違いだったようでした。

次は私の両親に「ごあいさつしたい」という宏祐と一緒に、寝台車で鹿児島の加世田の実家に行きました。私の父は「結婚はおまえの自由」と言っていた通り、何も言いませんでした。

それから宮崎で教師をしていた次兄の安夫夫婦、旭化成の転勤で富士市から延岡に戻っていた姉のいく夫婦を訪ね、来春結婚するという報告をしました。

結婚式のために一族大移動

横浜の栗田工業総合研究所で働き始めて3年目、私は結婚を意識しつつ、同期入社の大藏宏祐《こうすけ》と交際を深めていました。

とはいえ、鹿児島の片田舎で生まれ育ち、中央へ、首都圏へ出てみたいという夢を実現したばかり。それが結婚によってどう変わるのか、小さな不安のようなものがありました。念願の横浜での１人暮らしは開放感に満ち、好きな映画を見て、行きたい所に行き、思い通りに街を闊歩《かっぽ》できました。

それまでは何となく「いい子でいなければ」という自己規制があったような気がしますが、そうしたものをかなぐり捨てて、本来の自分として、一人の人間として自立できたように感じていました。

何事にも慎重でおっとりしている宏祐と、何かを思いつくとじっとしていられない私。そんな正反対の性格ながら、納得するまで話し合う思考スタイルは共通しており、宏祐は私が結婚後も働き続けることを了承してくれました。

こうして二人が結婚の意思を固めたのは１９６４(昭和39)年。世の中は東京オリンピックに沸き、その中では「東洋の魔女」と呼ばれた女子バレーボールの活躍が記憶に残っています。

二人の実家が大阪と鹿児島なので、大阪で挙式し、私の親族が来阪することになりました。宏祐の上司に仲人を依頼し、結納を済ませて結婚式場を決め、私もかつら合わせや衣装合わせのため、何度も大阪に行きました。

そしていよいよ挙式が迫ると、両親は鹿児島から大阪へ。海上自衛隊勤務の長兄は海外にいたため、代わりに義姉とめいが広島から。旭化成で働く姉夫婦と息子、高校教師の次兄夫婦は宮崎から。私と同居していた妹は横浜から。まさに一族の大移動です。

誰かが到着するたびに私は宏祐と一緒に大阪駅へ出迎えに行き、いとこの一人が暮らす高槻の電電公社の社宅へ送って行きました。狭い社宅に多人数が押し寄せ、もう足の踏み場もありませんでした。

挙式後に親族で記念写真。後列左から２人目が新郎の宏祐、その右が新婦の筆者
＝1965年４月、大阪・天王寺公園

翌日、みんなより一足早く、私は義姉に付き添われて大阪城に近い結婚式場に向かいました。ちょうど朝のラッシュアワーの最中で、車内でも乗り換えでも、大きな荷物を抱えてもみくちゃにされました。

そして65（昭和40）年4月7日、私は大蔵宏祐と結婚式を挙げました。

披露宴では、出席した友人や同僚が、私たちに関するエピソードを語るコーナーがありました。

「大蔵は、研究所のガマちゃん（私のこと）のげた箱に虫ピンを留め、帰りのバスの時間の連絡を取り合って一緒に帰って行った」

終業後、研究所から相鉄線の和田町駅まで行くマイクロバスが3便ほど出ていました。その何便目に乗るか、げた箱に刺したピンの位置で知らせる、そんなたわいもない連絡方法です。

職場恋愛にことのほか気を使っていた時代ならではの、今となってはちょっとほほ笑ましいアイデアでした。

新婚旅行で紀伊半島一周

1965（昭和40）年4月7日、結婚して旧姓の中釜律子から大蔵律子となった私は、その後の人生を長く一緒に過ごすことになる夫の宏祐《こうすけ》と、新婚旅行に向かいました。

2人とも会社勤めの共働き。私が挙式後に学会発表を控えていて、準備に手が回らないことも多く、旅行の手配は三菱銀行に勤めていた宏祐の妹に丸投げでお願いしました。

そこで彼女が選んでくれたのが、紀伊半島をほぼ一周するコースでした。

当時のハネムーンの1番人気は宮崎県の青島。62（昭和37）年に皇太子ご夫妻（現在の天皇、皇后両陛下）が訪問されてから人気に火がつき、フェニックスが立ち並ぶ南国の明るいイメージも人気を後押ししていたようです。

しかし、兄や姉に婚約を報告するため宮崎を訪れた時、私たちは兄の案内で青島を訪れていました。それを知った義妹が知恵を絞り、やはり人気が高かった南紀白浜を含む旅程を組んでくれたのです。

私たちは宏祐の実家に近い大阪の天王寺駅で皆に見送られ、そのころ、別府、熱海と並んで日本三大温泉と呼ばれていた南紀白浜温泉に向かいました。「白浜」の名の通り、石英の砂浜はどこまでも真っ白。そこを一緒に散歩したことは、2人の門出にふさわしい思い出となっています。

2017（平成29）年6月3日から4日にかけて、私は全国高齢者生協の総代会に、神奈川高齢者生協の総代の一人として、参加しました。何とその会場が南紀白浜だったのです。

ところが新婚旅行当時の白浜とは異なり、白砂が海風で飛ばされてしまうため、海外から砂を輸入して置き砂をしているとのことでした。観光地や宅地の開発が進んだ昭和の終わり頃から自然に供給される砂の量が減って砂浜が痩せてしまい、砂浜に砂を足す養浜対策が必要となりました。

そこで各地の砂を調査した結果、本来の白浜と同じような白い砂として、オーストラリアのパースの砂に白羽の矢が立ったのだそうです。

本来の白浜の砂ではないと思うとちょっと残念ですが、海の青さ、海水の透明感は今も変わりません。沖をゆく船影を目で追いながら、夫と眺めた52年前を思ったのでした。

かつての新婚旅行では白浜からさらに紀伊半島を南下し、紀勢本線の車窓からはどこまでも青い海が望めました。

本州最南端の駅の串本を過ぎて北上し、紀

新婚旅行で訪れた二見ケ浦の夫婦岩
＝1965年４月、三重県伊勢市

伊勢浦に1泊。熊野那智大社にお参りし、那智の滝の荘厳さに圧倒されました。囲碁や将棋が好きな宏祐は、高級碁石の「那智黒」に関心を持ったようです。

さらに鳥羽を経て、伊勢神宮にも参拝したので、まさしく紀伊半島を一巡りしたことになります。

深い緑の中にたたずむ伊勢神宮も心に残る場所でしたが、写真を撮った時には首に巻いていたネッカチーフを、いつの間にかなくしてしまったことが、ちょっとした心残りです。

無事に新婚旅行を終えた私たちはいったん大阪に戻り、私にとっては生まれて初めて乗る飛行機で羽田空港へ飛びました。そこから横浜市戸塚区（現泉区）にあったタイホー工業（現イチネンケミカルズ）の社宅に直行したのです。すでに荷物は運び込んであり、ここから2人の新しい生活が始まったのでした。私たちは結局、挙式と新婚旅行とで、1週間くらいは休暇をもらったと思います。

この間、大阪に集まった私の親族たちは、宏祐の家族に案内され、大阪城や通天閣など、大阪の名所を巡ったそうです。

当時の「結婚」は、家と家とが新たに結びつくという考え方が強く、挙式までの段取りや、日取りの決め方などのしきたりごとが山積みでした。それが当たり前だったとはいえ、両親や親族はもちろん、職場の上司や同僚の理解と、多くの人たちの助けに支えられ、人生の節目を無事に越えることができました。

妊娠機に退職を決断

私たちの新居は、当時の横浜市戸塚区にあったタイホー工業（現イチネンケミカルズ）の社宅でした。

私と同期で栗田工業に入社した夫の宏祐《こうすけ》はグループ会社の栗田化学に出向し、研究員として働いていましたが、その部署がそっくりタイホー工業となったため、その社宅に入ることになったのです。

ところがそこは、長後街道の谷戸入口という、最寄りのバス停からもかなり距離のある不便な場所で、付近にはつくしが生える野原が広がっていました。

夫の会社組織は変わっても勤務先はそのままだったので、出勤は社宅からバスで戸塚駅に出て東海道線で横浜駅まで行き、さらに相鉄線に乗り換えて和田町駅に行き、そこからまたバスに乗り継ぎます。

さすがにこれではたまりません。夫は先輩2人とお金を出し合い、共同で車を購入しま

社宅の幼児たちに「おおくらちゃん」と懐かれた筆者。当時は野原の広がる不便な場所だった
＝1965年ごろ、横浜市戸塚区

した。横浜新道を使えば通勤時間を大幅に短縮でき、日曜日には買い出しにも使えたからです。

今でこそ相鉄線のいずみ中央駅がありますが、買い物は横浜か戸塚、または長後に行かねばならず、少し離れた大型スーパーが買い物バスを巡回させていました。それでも日常の買い物にも事欠く始末で、車があると大助かりでした。

まだ戸別の電話はほとんど引かれておらず、4階建ての社宅に、会社が設置した電話が2台ありました。会社からの緊急連絡などのために必要だったのだと思います。

その頃、社宅には東京本社や横浜支所の人、新設されたタイホー工業中央研究所の研究員が入り交じっていました。

今もロングセラーとなっている「クリンビュー」（車の窓用の曇り止め）がヒット商品となったおかげで、会社の業績は上向き。研究所の仲間やその家族らと鎌倉の稲村ケ崎や藤沢の江の島に遊びに行ったり、独身の後輩たちが遊びに来て、マージャンをやったりするようになりました。

私と彼らとは会社は違っても、同じ建物内で働く顔見知りなので、新婚世帯でも気を使わず、気軽に出入りしやすかったのだと思います。おかげで週末はいつもにぎやかでしたが、社宅の中ではいちばん若い私たち夫婦のことを、周囲も大目に見てくれていたようです。

当時は共働きで、1人分の給料は将来に備えてためようと決め、後輩たちの飲み食い代も1人分の給料の範囲内でやりくりしていました。

間もなく私は妊娠したため、1965（昭和40）年12月いっぱいで退職することに決めました。今のような産休制度や子育て支援制度もなく、生まれてくる子どもを預けるあてもない時代。退職はやむを得ない選択です。私は5月の出産予定を前に、専業主婦になりました。

研究所員として働いたのはたった3年8カ月でしたが、うれしいことに今も栗田工業の懇親会などの誘いがかかります。社会人生活のスタートを切った職場だけに、当時の仲間たちに会うと気持ちが若返り、元気になるような気がします。

初めて訪れた平塚七夕に感動

私が退職する少し前ごろから、社宅のある横浜市戸塚区（現泉区）の地域で、自治会づくりの動きが活発になっていました。

その辺りは新興の住宅地で、三菱関係の会社に勤務している家庭が多かった印象があります。タイホー工業（現イチネンケミカルズ）の社宅は少し離れていましたが、同じエリアの住民として、代表者を出すことを求められたのです。

たまたま1年ごとの交代制の当番がわが家で、夫の宏祐《こうすけ》が夜遅くまで会合に出席していました。そのうち、自治会に女性部も立ち上げようということになり、私の出番となりました。

妊娠を機に退職したにもかかわらず、最初の子は逆子で、残念ながら死産に終わりました。私は内心では再就職を考えていましたが、そう簡単には見つかりません。その分、新たな組織づくりに没頭していくことになりました。

１９６６（昭和41）年、日本中がビートルズの来日に沸いて間もなく、夫と二人で平塚の七夕まつりを見に行くことにしました。初めて足を運んだ平塚の七夕まつりはにぎやかで、華やかで、通りを埋め尽くす飾りの大きさや仕掛けの多彩さ、その豪華さに圧倒されました。

しかも空襲で焼け野原となった平塚の復興のため、商工会議所や商店街連合会が中心となって始めたイベントだと聞きました。

「こんなお祭りをできる街があるんだね」

私たちはそんなことを語り合いながら、いつの間にか駅の北側の平塚八幡宮に入り込んでいました。豊かな緑の木々に囲まれた境内は、歩き疲れた足を休めるには格好の場で、汗ばんだ肌の上を、自然の涼しい風が通り過ぎていきました。

七夕の喧噪《けんそう》と荘厳な八幡宮。私たちはそのコントラストに魅了され、「こんな街に住め

平塚に初めて足を運び、にぎわいを見せる
七夕まつりを楽しむ筆者＝1966年

たらいいね」と思いながら家路につきました。これが私と平塚市との直接の出会いです。自治会づくり、女性部づくりの活動は順調で、保育所が欲しいなどの要望を戸塚区役所や横浜市に届けるなど、具体的な活動へと進んでいきました。

今になって振り返ると、何かを始めたり、組織を立ち上げたり、何事にもいちばん最初から関わることがほとんどで、その最初の経験がこの自治会づくりだったかもしれません。

その意味ではとても貴重な体験でしたが、私はだんだんどこか別なところで暮らしたいと思うようになりました。社宅内の幼児たちに「おおくらちゃん」と懐かれ、今もその家族と交流が続いていますが、情熱を注いできた仕事を失った上に、生まれるはずのわが子を失い、専念するはずの育児もできなくなりました。

このまま社宅に埋もれたくない、新しい何かを始めたい、と思うようになっていきました。それには新天地が必要です。そう思い始めるともう止まらず、とにかく社宅を出たいという思いが募っていったのです。

とはいえ、まだ収入の少ない20代の夫婦です。頼みは公団や公営住宅しかありません。募集の告知を見つけてはあちこち応募を続けました。ようやく平塚市内の県営横内団地に当選し、67（昭和42）年4月、平塚市民としての生活が始まりました。

第四章　平塚で共に生きる

理科教材充実のために寄付

平塚市の第19・20代市長として走り続けた8年間。1期目は市民の市政参画を進め、2期目はハード事業の解決が課題でした。

2008（平成20）年9月議会で平塚駅西口の駐輪場の予算案が否決され、民放テレビのワイド情報番組が取材に来ました。駐輪場反対派は誰ひとり登場しないまま、不可解さを感じさせる当時の状況が放映されました。

その後、放置自転車対策を一元化する部署を立ち上げて検討を重ね、平塚市まちづくり財団に土地を貸し、財団が主体となり建設、運営する形で11年4月から運用が開始されました。

平塚駅西口のバリアフリー化では上下線ホームと改札をつなぐ工事を先行し、跨線橋《こせんきょう》と道路面を結ぶエレベーターの設置へ進むことでJRと合意しました。本来は1駅1工事が原則ですが、この件では河野太郎衆院議員が国やJRに働き掛けてくださいました。

新保健センターの開設とその運営には、医療関係者のみならず、食生活関係団体の参画を促し、平塚海岸のビーチパークの拡充や浜辺の散歩道の整備、陸上競技場には大型ビジョンの設置を実現できました。

そして持続的な都市経営に欠かせない三大事業として、環境事業センターは着工し、新庁舎と市民病院南棟については、その後の具体的な道筋を示すことができたと思っています。

旧環境事業センターの老朽化とごみ処理広域化のための新施設の建設は、前市長が移転をほのめかした経緯があるため、難航していました。「ここ以外ない」という覚悟で地元住民と話し合いを重ね、ようやく着工にこぎ着けました。

市庁舎の建て替えにも移転案がありましたが、平塚市景観審議会の委員でもあった都市工学の専門家の西村幸夫・東京大大学院教授らの意見を踏まえ、10（平成22）年1月に「平塚市庁舎・国庁舎一体的整備基本計画（案）」を発表しました。市庁舎の中に国の出先機関の税務署が入る全国初のスタイルで、河野衆院議員から「今後は『平塚方式』と呼ばれるだろう」と言われました。

134億円の概算建設費に対し、積立金は70億円。積み上がるまで待とうという意見もありましたが、災害時の対策本部の拠点になる市庁舎は、現在の市民だけでなく、将来の市民のものでもあるという考えで再建を決断しました。

耐震診断で安全性の問題が浮上した平塚市民病院南棟は08（平成20）年に「平塚市民病

院未来構想」を公表し、その後の16（平成28）年3月に新館が竣工《しゅんこう》しています。

また市長退任後、給与の半額を2年分積み立てた1481万円を市に寄付しました。退任前に保育園の待機児童はゼロに、小中学校の図書館はほぼ全校で司書の配置を終えましたが、「理科教材の充実」は目標に届いていなかったのです。

そこで、私が1期目の公約で実現できなかった「市長報酬の減額」分を学校の理科教材費として寄付し、全てのマニフェストを実行することができました。

筆者の寄付で設置されたテレビ（後方）と、児童代表から感謝状を受ける筆者（奥左）＝2012年１月、平塚市立崇善小学校

アートを育てる平塚に

２期８年、私はただ愚直に、清潔に、公平に、一片の私欲もなく公僕に徹してきました。

自ら掲げたマニフェストの実現に誠心誠意努めましたが、一方では「大きな将来展望やビジョンを語れない市長」だと、市民には頼りないと感じられたかもしれません。でも私としてはその時々にできる精いっぱいのことを、一生懸命にやってきたつもりです。

とにもかくにも時代の変革の中のいっときを、私は市長として働くことができました。私にそんな日々を提供してくださった平塚市民と終始一貫して支え続けてくれたスタッフらに心から感謝し、一人の私人に戻りました。その頃だったでしょうか、息子がふと、「おかあさんはとうとう、選挙で一度も負けなかったね」と言いました。

言われてみればその通り。でもそれは市民による「推薦候補者」として4度の市議選を戦い、市長選で無投票が続くことは市民として無責任だという声に推され、そして市長当選後は「市民の中にいて市長」という信念を貫いたこと。つねに生活者の目線に立って考え、判断してきたことを、率直に認めて応援してくれる多くの人がいたからです。

いわゆる「票読み」も1度もできませんでしたが、それでも24年にわたり、平塚で政治活動を続けることができました。

確かに選挙は負ければ終わり―。6度も経験した選挙の、どれか一つでも負けていたらまったく別の人生だったのか、そんな現実を改めて感じさせられた息子のひとことでした。

とはいえ、久方ぶりに一市民に戻ったのにじっとしていられないのが私の性分で、まず平塚市美術館の湘南フレンズ倶楽部《くらぶ》の発足に関わることになりました。

それまで同美術館が運営してきた「平塚市美術館友の会」を解散し、新たに美術館の外側からサポートする組織を立ち上げることは、市長時代に草薙奈津子館長から相談を受けていたものです。

２０１１（平成23）年７月６日に設立し、11月９日、美術館内のミュージアムホールで発会式を行いました。当時１２３人だった会員は現在、法人と個人を合わせて約２００人に増えましたが、もっと多くの人に関心を持ってもらいたいと思います。

湘南フレンズ倶楽部では学芸員によるギャラリートーク、会報の発行、美術館ツアーや美術講演会などを行っており、たとえば平塚市生まれで県立平塚江南高校出身の日本画家である、斉藤典彦・東京芸大日本画研究室教授を招いて講演会を開催しました。

17（平成29）年８月３日には、平塚在住で、87歳になられた江添栄一郎画伯と私との対談や講演会を行いました。江添さんは独立美術協会所属で、地球環境への警鐘、環境汚染への批判を反映させた作品で知られています。

平塚市美術館では09（平成21）年７月から８月に開催された、「わたしがえらんだいわさきちひろ展」が、約4万人の来場者を記録したことがありますが、宮澤賢治展、速水御舟展など、独自の企画で注目を集めています。09年の「カーデザイン展」も美術館としては異色の企画で、子ども連れや若者でにぎわいました。

16（平成28）年8月には、画家の福田美蘭さんの「見返り美人鏡面群像図」を寄贈しました。美術品の購入・寄贈は湘南フレンズ倶楽部が目指していたことの一つで、設立5年目にしてようやく実現に至りました。

菱川師宣の「見返り美人図」の女性がさまざまな角度から描かれているユニークで華やかな作品は、当時開催中だった「不思議なアート　トリック　トリック　ハッ！とトリック展」に出品された新作の一つで、来場者からも高く評価されていました。作者の福田さん

湘南フレンズ倶楽部が平塚市美術館に福田美蘭さんの作品を寄贈。右から４人目が筆者
＝2016年８月、平塚市西八幡の同美術館

が私たち湘南フレンズ倶楽部の思いに賛同して、材料費程度で譲って下さったために寄贈が実現したのです。

平塚市美術館の市民アートギャラリーは、市民が自作の絵や工芸品、写真、書などを展示する場としてフルに活用されています。私も毎年5月に行われる「すさ美会」展に、市長在任中から水彩画を2点ずつ出品してきました。

退職後に陶芸を始めた夫の宏祐《こうすけ》は陶板に独自の工夫を凝らした作品を陶芸の会員展に出展して楽しんでいました。そんなご縁から17（平成29）年3月8日からアートギャラリーで開催された陶芸展に、宏祐が所属していた「有雅陶の会」が彼の遺作を展示して下さいました。会場には夫の職場仲間や私の栗田工業時代の同僚など、昔の私たち夫婦を知る旧友たちが遠方から観に来てくれました。

作家・中勘助を平塚で周知する

平塚は多くの文学者が訪れ、暮らした街で、市内にはいくつもの文学碑が建てられています。

「平塚市も戦災後すでに10年が経過したから、すこしはおしゃれのことを考えてもよいのではないか」

そう語った戸川貞雄元市長（在任1955〜63年）は、評論家の高山樗牛《ちょぎゅう》や『食道楽』の著者・村井弦斎の碑を建てました。戸川氏自身も『蠢《うごめ》く』を著した作家で、文人市長といわれていました。

平塚にゆかりのある作家が数多くいる中で、私が関心を持ったのは、1924（大正13）年12月から32（昭和7）年9月までの7年余り、平塚海岸地区に居住した中勘助。2003（平成15）年に平塚市文化財団（現文化スポーツまちづくり財団）が開いた「平塚文化塾」でも取り上げられました。

中勘助の代表作でもある自伝的小説「銀の匙《さじ》」を、3年間かけて読み込むという灘中のユニークな国語の授業を紹介した「橋本武案内　銀の匙」（小学館文庫）が12（平成24）年に出版され、改めて話題になりました。

私自身も鹿児島大学時代、岩波文庫の「銀の匙」の解説を書いたり、平塚時代の中勘助のお手伝いさんだった中島まんさんとの書簡のやり取りから、中勘介研究の第一人者でもあった渡辺外喜三郎先生の授業を受け、その中勘助が平塚に住んでいたことを知り不思議な縁を感じました。平塚時代の中勘助も「ご縁ですね」と言うのが口癖だったそうです。

平塚文化塾で取り上げたのは、中勘助が平塚で暮らしていた１９２４（大正13）年の１月１から書き始められた日記体の随筆『しづかな流』です。約５００ページの大作には往時の平塚の海岸風景が活写されており、平塚の文化遺産といってもいい内容です。

平塚文化塾での成果が「しづかな流～中勘助に学ぶもの～」として冊子にまとめられる一方、13年9月に「―平塚ゆかりの作家―中勘助を知る会」が発足し、講演会や講座、詩の朗読会や文学散歩などのイベントを開催しています。

当初の代表は文化塾の講師を務めた文芸評論家の尾島政雄さんでしたが、亡くなられた後を理事だった私が引き継ぎました。

そして中勘助が平塚に居を構えて90年にあたる14年度の「公益信託ひらつか市民活動ファンド」に助成を申請し、『しづかな流』の中から詩や短歌を選び出し、Ａ４判30ページの詩集『中さんの散歩道』としてまとめました。タイトルは、私たちが親しみを込めて「中さん」と呼んでいるところから付けたものです。

そして詩集の刊行に合わせ、中央図書館で、静岡市にある中勘助文学記念館の元館長の前田昇さん、平塚市教育委員会教育研究所長の篠生《さそう》恵美子さんに記念講演をしていただきました。

中勘助の生誕130年、没後50年にあたる15（平成27）年、神奈川近代文学館で「中勘助展」が開催され、再び注目が集まる中、平塚市の皆さんにもっと「中さん」のことを知ってもらいたいと思い、17（平成29）年2月25日、俳優座の中寛三さんによる朗読会を平塚市民センターで開催しました。また5月31日には花水公民館で、飯尾紀彦さんの講演と甲斐千秋さんによる詩の朗読が行われました。

「一平塚ゆかりの作家一中勘助を知る会」で、ゆかりの地の野尻湖畔に立つ「ほおじろ」の詩碑を訪ねる。前列中央が筆者＝2016年８月、長野県信濃町

その一方、中勘助の半生を兄と兄嫁が語る形で描いた奥山和子さんの『地獄の道づれ』を読み、深く感銘した私は17年7月28日、静岡県の羽鳥（現静岡市葵区新間）の藁科川近くに建つ「中勘助文学記念館」を訪ねました。その折に奥山さんがわざわざ足を運ばれ、お会いすることができました。

この文学館は１９４３（昭和18）年、静

養のため静岡に移り住んだ中勘助が最初に住んだ杓子庵（安倍郡服織村新間字樟ヶ谷にあった前田家の離れ）を、その後に住み替えた同村の羽鳥に移築したもので、茅葺きの建物は歌会や句会、読書会、茶会や華道、書道などの文化活動に使われているそうです。

文学館訪問は平塚に中勘助の祈念碑を建立するためでもあり、研究者の木内英実さん（東京都市大学准教授）の案内で、多くの資料の中から木内さんが発見した平塚で書かれた『しづかな流』の冒頭の文章の自筆原稿を見せていただきました。

こうした活動を通し、一人の人間を知るには多方面から、また異なる立場や方向から見ることが大事であると再認識させられました。私はぜひ中勘介の碑を建立し、平塚ゆかりの作家・中勘助のことをぜひ後世の平塚市民に伝えたいと思い、その活動に力を入れています。

高齢者生協で交流を

私の社会参加の原点となった生活協同組合（生協）は、時代とともにその役割やあり方を変え、１９９６（昭和41）年には神奈川県高齢者協同組合が設立され、２０００（平成12）年２月に県から生協の認可を受けました。

紆余《うよ》曲折の末、82（昭和57）年にようやく開店にこぎ着けた平塚市四之宮の「生協四之宮店」も04（平成16）年に「ケアステーションたむら」として新たなスタートを切りました。現在は訪問介護やデイサービスの拠点となっています。

縁あって16（平成28）年6月にその理事を引き受け、何か楽しいことをやりたいと考えたのは8月。思いつくとすぐ動きだす私はバザーの準備を始めました。

手書きのポスターを描く一方でチラシを作り、手分けして2000枚を周辺に配りました。反響は大きく、衣類や食品、食器、使わなかった介護用品などが続々と集まりました。

同年11月12日の土曜日、平塚市役所から借りたテントを設営し、デイサービスの利用者に送迎車を出して参加を呼び掛けたおかげで、出足は上々。胡弓《こきゅう》とキーボードと歌手のトリオが登場して明るい音楽で始まり、来場者も一緒にコーラスを楽しみました。

新鮮な野菜や柿の販売、綿菓子やポップコーン、焼きそばの屋台には、ケアステーションの利用者やその家族だけでなく、近所の親子連れが並んで大にぎわい。デイサービスの利用者には食券を配り、スタッフの食事用に手巻きずしを用意しました。

たった1日のイベントでしたが、ここにケアステーションがあるということを地域の人たちに知ってもらえたと思います。

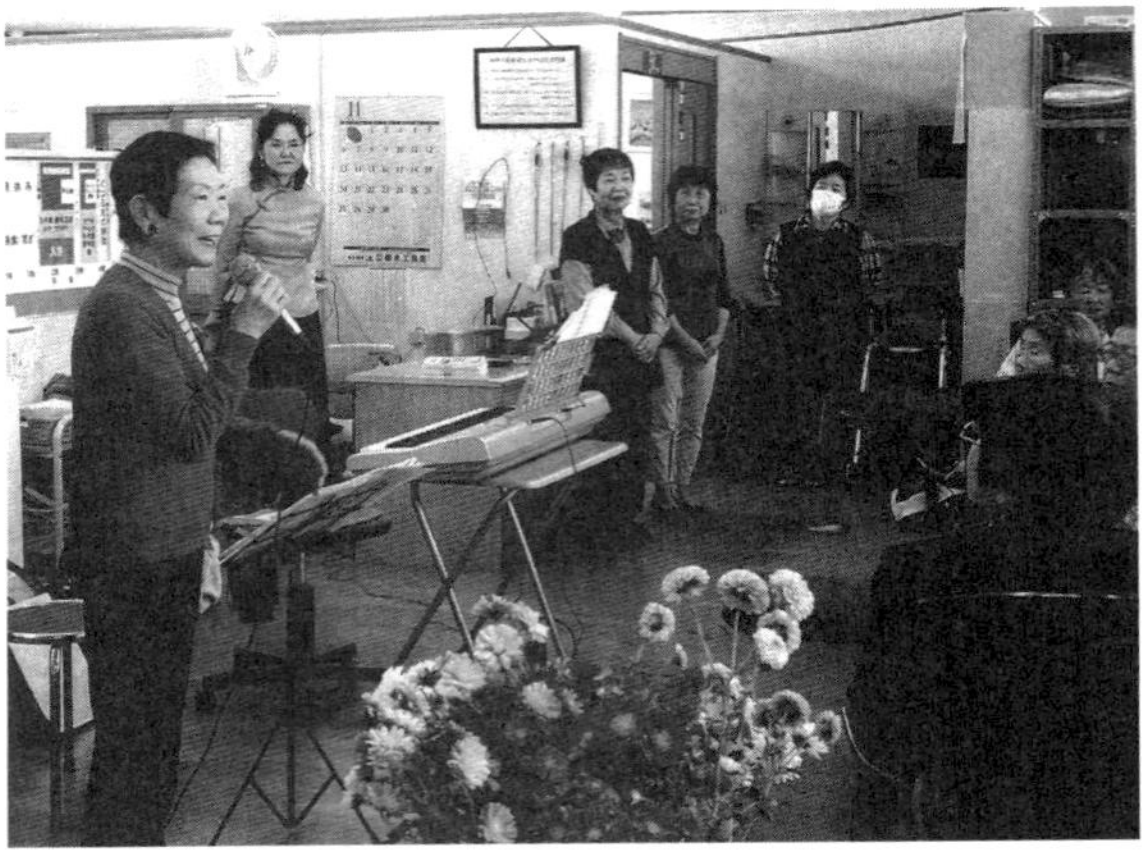

「ケアステーションたむら」で開催したバザーのオープニングであいさつする筆者（左）＝2016年11月、平塚市四之宮

片付けを終えた後、ビニールシートを敷き、十三夜の月明かりの下で反省会を開きました。お茶と残り物を並べていると、地主さんがどら焼きとミカンを差し入れてくれて、和気あいあいで盛り上がりました。

かつての生協利用者が地域の介護事業の担い手になり、いずれは世話をされる側になる。まさに頼りになるのは「遠くの親戚よりも近くの他人」です。

私も夫の両親の介護に苦労した経験があります。特に認知症になった義母の介護は大変でした。

市長在任中、地区の状況に応じて身近な支援活動やふれあい交流活動を行う「町内福祉村」の設置を進めましたが、これからは元気なうちに人とのつながりを深め、気心が知れた関係を築いておくことが欠かせなくなると思います。

17（平成29）年4月5日、私たちは平塚市総合公園のさくらの木の下にビニールシートを敷いて花見の宴を開きました。アコーディオンに合わせ、大きな円陣を組んで、平塚七夕音頭や炭坑節を踊ったり、「青い山脈」を大合唱したり、穏やかな春の一日を満喫しました。

こんなふうに元気な高齢者が少しでも長く現状を維持できるように、笑顔で集える機会、おしゃべりできる機会、映像にふれ合う機会などを作っていきたいと思っています。

「この町で孤独のうちに命を落とすような人がいないようにしたい」

2期目の市長選直前の討論会でそう語った思いは今も変わりません。誰もがいずれは何らかの助けが必要になる。その時に信頼を担える地域であり、住民でありたいと思います。

結婚後初めての〝夫孝行〟

平塚市議・市長時代を通じて維持してきた事務所は市内で移転を重ね、2011（平成23）年の退任時は「女性市長と歩む会」として、JR平塚駅北口にありました。それを「なかまの広場」として、誰でも立ち寄れる場所にしました。「湘南ひらつか七夕まつり」の飾りを作ったり、七夕まつりの開催中には休憩用のいすを置いたり、浴衣の着付けを直す場所にもなったりなど、立ち寄りやすい場所でした。

平塚市美術館をサポートする湘南フレンズ倶楽部を立ち上げる準備会を開いたり、平塚市博物館の学芸員に平塚の歴史を学んだり、新聞社の元海外特派員に時事問題を聞いたり。よろずの世間話に花を咲かせ、家庭菜園で取れた野菜を持ち寄る場にもなりました。

中でも印象深いのは「ノンニ」の勉強会を開いたこと。きっかけは、元在アイスランド臨時代理大使の渡辺奉勝さんから依頼を受け、アイスランドの童話作家ヨーン・スウェンソン（愛称「ノンニ」）の展覧会を、私が評議員をしている升水記念市民図書館（平塚市八重咲町）で開くことになったからです。

アイスランド大使館の協力も得て、11年9月28日から1週間、「生きる喜びと世界の平

アイスランド旅行で地熱地帯にあるストロックル間欠泉を見学＝2012年3月

和展　童話作家ノンニと日本の子どもたち」を開催できました。

これを機にどうしてもアイスランドに行ってみたくなった私は仲間を募り、12年3月上旬、私と夫の宏祐《こうすけ》を含む十数人でアイスランドツアーに出かけました。首都レイキャビク、世界最大の露天風呂ブルーラグーン、雄大な滝、そして毎夜現れるオーロラは私の脳裏に焼き付いています。

翌13（平成25）年9月には同じ仲間たちとフィリピンのシキホール島を訪ねました。平塚市の元小学校教諭でJRC活動の中心を担っていた原田淑人さんが、そこでコテージを経営しながら現地の子どもたちへの教育支援活動を続けていたからです。私たちが不足している教材や楽器を贈り、折り紙を教えると、子どもたちは日本のボランティアの大学生から習い覚えた「よさこい踊り」で歓迎してくれました。

その半年前の4月には、夫婦でクロアチアなど、東欧5カ国を巡りました。最初の市長選で「かえよう、変えます、市民の会」の代表を務めてくれた画家の三代沢史子さんと縁が深いドゥブロヴニクを訪ねてみたかったのです。

三代沢さんは1989（平成元）年、旧ユーゴスラビア（現クロアチア共和国ドブロヴニク市）で友人となったリフィカ・クネゼヴィッチさんが内戦に巻き込まれたことをきっ

夫婦にとって最後の海外旅行で、記念写真に納まる筆者（左）と夫の宏祐
＝2015年４月、ニュージーランド

かけに「リフィカと旧ユーゴ救援基金」を設立し、ドゥブロヴニク市で作品展を開いたり、市民交流の場を持つようになりました。私も寄付活動を手伝いましたが、２００３（平成15）年、市長に就任したばかりの私は、最終募金を届け、両国市民の文化交流を深める旅に同行できませんでした。そのため、いつかドゥブロヴニク市の子どもたちに会ってみたいと思い続けていたのです。それがやっと実現しました。

　その後も沖縄や五島列島に出かけ、結婚以来、初めて〝夫孝行〟に努めた1年でしたが、14（平成26）年1月、宏祐に膵臓《すいぞう》がんが見つかりました。

　3月に行った手術後の経過は良好で、15（平成27）年4月には結婚50周年を記念してニュージーランドを旅しました。中でも記憶に残るのが、世界自然遺産にも登録されている南島西海岸のミルフォード・サウンドを巡るクルーズです。氷河に削られた壮大なフィヨルドが連なり、落差の大きな雄大な滝が圧巻でした。年間を通じて降水量が多いため、雨が降るたびに「カスケード」と呼ばれる一時的な滝ができるのだそうです。

帰国して間もない5月、私が高野山への旅を企画していると、宏祐はいつになく強い口調で同行すると言い出しました。実父が働いていた会社の社友会の墓に、以前から参りたいと思っていたというのです。

秋には房総半島にも行きました。それが本人の意思であっても、宏祐の手術後の体力を考えると、気づかないうちに無理をさせてしまったのかもしれません。

その年末から強い抗がん剤が必要な状態になり、16（平成28）年夏以降は自宅での緩和ケアに専念しました。そして9月15日、自然が枯れるように人生を全うしました。

一方、「非核平和市民の会」の最後の展示会を行うなど、共に活動してきた人たちの締めくくりの場となった「なかまの広場」も、開設から5年を機に、16年5月いっぱいで閉鎖しました。私が積み重ねてきたいくつもの出会いに、一つの節目が訪れた年となりました。

絵手紙と畑に親しむ

1人暮らしになってからは健康に気を配ろうと、週1回のジャズダンスに加え、毎朝9時から近くの公園へ体操に通っています。続けることで顔見知りも増え、毎週月曜日に行う公園の清掃も、気持ちを爽やかにしてくれます。

市長を辞めてから始めた絵手紙も、四季折々の草花などを描いて楽しんでいます。元々水彩画を描くのが好きでしたが、絵手紙なら空いた時間にサッと描けそうだと思い、まったくの自分流で始めました。その後、「絵手紙サークル日曜会」を知り、先輩たちに学んでいると、さらに面白さが増しました。何枚かを夫・宏祐とその両親が眠る霊園の休憩所に飾り、季節によって架け替えたりして喜ばれています。

そして、絵手紙の格好の題材になっているのが家庭菜園の野菜たち。家のすぐ近くの畑を借り、これまでに、トマト、インゲン、カブ、タマネギ、スイカなどを作ってきました。そのため、夏場はほとんど毎日、蚊を追い払いながら、草取りに追われています。農家に生まれ育ったものの、畑仕事には重いサツマイモを運ばされた辛い思い出しかありません。それなのに一日一度は畑にいってみたくなるのだから、不思議なものです。

朝夕に畑仕事をしていると、通りがかりの人が声をかけてくれ、中には「自分もやってみたいので土地を貸してください」という人もいます。すくすくと背丈が伸びたヒマワリが目に留まったのかもしれません。

「ごめんなさいね。ここは私の土地ではないんです。お借りしているだけなんですよ」

そんなことから、ひとしきり会話に花が咲くことも珍しくありません。ただし、野菜の出来栄えは今ひとつ、というか、お店で売っているものより一回り小さいものばかり。味にはけっこう自信がありますが、本当に農業では「土つくり」が大切なのだと痛感しています。

17（平成29）年9月には、平塚市中央公民館で「絵てがみサークル日曜会」の8人展を開催しました。私以外は生徒を持つ〝先生〟ばかりで肩身が狭いのですが、これからもスケッチ、水彩画、絵手紙など、自分なりに描

今も講演などで〝輝く女性〟を応援する筆者
＝2017年２月、横浜市内の「YOKOHAMAシルク会」会合

くことを楽しんでいきたいと思います。

平塚市長に就任した当時、人の心に通じる政治をこのまちで実現したいと考えていました。人の思いを思いとし、人間みんな同じ尊さで、このまちで生き、活動している。平塚が誰にとっても住みよくて、誰にとってもその人となりを尊重できて、努力する人たちが救われる、そんなまちになってほしい。その思いは一市民である今も変わりません。

どんな人にもできることがある。同じ思いの人が集まれば、大きな力となる——その思いをここ平塚で、これからも分かち合っていきたいと思います。

おわりに～見えない糸に導かれ～

人の一生には様々な岐路がありますが、これまでの人生の3分の1以上を平塚市議会議員・市長として過ごしてこられたのは、私の意志を尊重してくれた夫の宏祐《こうすけ》に出会い、自立心豊かに育った子どもたちの暗黙の応援のおかげだったと思います。

「わが人生」の連載では、市議選や市長選のことも書きましたが、どちらも「立候補」という結論が出るまでには、いろいろな人の立場や意見が行ったり来たりして、とても時間がかかりました。しかも市議選は「立候補」ではなく「推薦届け出」の候補者としてたたかってきました。

そして、25万都市という規模の市長選を、自分たちだけでたたかうことには大きな不安がつきまといました。

「私たちだけじゃない。市民を巻き込んで、市民の市長をつくろう」

そう呼び掛けられても、多くの人の反応は冷ややかなものだったそうです。それほどハードルは高く、むちゃな挑戦だと思うのが当たり前で、「それでもやろう」という機運を盛り上げてくれた人たちの信念や段取りの気苦労の大きさには、計り知れないものがあったと今更ながらに感じています。

しかも私が市長に就任した後は、「市長に言わされている」という勘繰りや、つまらない誤解を避けるため、自らの自由な発言や行動をセーブし〝黒子〟に徹してくれた人たちが少なからずいます。そうしたこまやかな心遣いと強い気持ちのおかげで、私は市長職を全うすることができたのだと心から感謝し、同時に彼女たちが、当時の見えざる気苦労を「良い経験」だと思ってくれていることが、私の誇りでもあります。

今さらですが、平塚市民になってからの約半世紀のうち、24年を市議、市長として過ごしました。できたばかりの横内団地で子どもを預かる大藏塾を始め、消費者の会、生協活動、生協四之宮店の開店、原爆展の開催や平和運動、軍需産業都市だった平塚で核兵器廃絶平和都市宣言、そして市議としての４期16年。ここまでは一気に、一続きに、まさに見えない糸に導かれるように無我夢中で走ってきたと思います。

ただ、保守王国平塚で初の女性市長となったこととの間には、必ずしも文字通りの連続性を感じられないというのが、偽らざる、正直な心境です。それほど市長職は重く、またやり甲斐のある仕事でした。

自分の人生を「新聞連載」という形で振り返ったあとで思い浮かんだのは、高村光太郎の詩「道程」の、次の一節です。

「僕の前に道はない　僕の後ろに道は出来る」

私のこれまでの足跡は自分で切り開いてきたというよりも、なるべくしてそうなったという気がしています。もちろん、その時々に何をなすべきか、いつも夢中で頑張ってきたし、何かをやれたら次の道が見えてきて、そこに進むとまた次が見えてくる。そうやって見えない糸に導かれてきたような気がします。

私はどんな時も、いずれの行動においても、その時々に立っている足元の一歩をきちんと踏破すれば、次の一歩は必ず開けるという思いでやってきました。自分の心が求める生き方を堅実に踏みしめていく。自分を偽らず、自分に誠実に行動する。それが私の「わが人生」だったと思います。

そこにはいつも私と行動をともにする仲間たちと、常に私のよき理解者であった夫の宏祐がいました。誰もがみな、貴重な体験の場づくりをしてくれた仲間でした。それを振り返る機会を与えていただいた神奈川新聞に、そして連載中に寄せられた読者の励ましに感謝いたします。

新聞連載・書籍の編集にあたっては神奈川新聞の担当者の方々や、私の気持ちを素直に受け止めて支援して下さったライターの四條たか子さんに出会えたことに感謝しています。
ありがとうございました。

2018年新春

著者略歴

大藏　律子（おおくら・りつこ）

1939年、鹿児島生まれ。鹿児島大を卒業後、横浜の栗田工業総合研究所に勤務。結婚退職後、平塚に転居。消費者の会などの設立を通じ、県内５生協の合併時に理事､続いて監事に就任。平塚市の「核廃絶平和都市宣言」運動を成功させ、市民派として平塚市議を４期、2003年から平塚市長を２期務める。退任後は平塚市美術館湘南フレンズ倶楽部会長などを務める。

わが人生15　凛として　協働の記録 平塚から

2018年１月11日　初版発行

著　者　大藏律子

発　行　神奈川新聞社
〒231-8445 横浜市中区太田町2-23
電話 045(227)0850（出版メディア部）

　ISBN978-4-87645-575-1　C0095

神奈川新聞社「わが人生」シリーズ

神奈川新聞社「わが人生」シリーズ

8 水族館へようこそ
新江ノ島水族館館長 堀 由紀子

9 横浜中華街 街づくりは たたかいだ
萬珍樓社長 林 兼正

10 ヨコハマ邂逅《かいこう》 ものづくり企業の挑戦
神谷コーポレーション会長 神谷 光信

11 生かされて生きる 「捨ててこそ」の実践
時宗法主、遊行74代 他阿真円

12 「未知」という選択 世界のレオ 創造の軌跡
物理学者・横浜薬科大学学長 江崎玲於奈

13 郷土を愛する心 社会奉仕に生涯を
神奈川県観光協会会長・川崎港振興協会会長 斎藤 文夫

14 学ぶ力 働く力 生き抜く力
学校法人柏木学園学園長 柏木 照明